REMERCIEMENTS

Air France,
Fuji Film,
Jean-Claude Michelou, directeur de l'« ICA », ainsi que tous les membres de l'« ICA » qui m'ont apporté leur aide.
Saïd Dehlavi
Anne de Tugny
Jean-Jacques et Yasmine Marcovici
Eddy Elzas et Rainbow Gems
De Beers et DTC
Le Docteur Saw Naug
Xavier Maulavé
Gulliver Travel
Pansea Hôtel Yangon
Thai Airways
Fatima Mag
Les ambassades du Myanmar, de l'Inde, de Guinée-Conakry, de Colombie
Sanjay Kasliwal , Gem Palace
Amrapali
Neemrana Palace, Francis Wacsiarg, Aman Nath
Sheik Bashir
Henri-Jean Schubnel
Mouawad joaillier
Boucheron joaillier
Fred joaillier
Don Victor Carranza
Les propriétaires et responsables des mines de Muzo, La Pita, Coscuez
Musée de l'or de Bogota
Jean-François Labbé
Ministère des mines et de la géologie de Guinée-Conakry.
Tous les habitants des pays que j'ai traversés et qui m'ont apporté leur aide.

Je tiens à remercier également Christophe Bidot, Olivier Millo ainsi que les photographes qui m'ont fait confiance dans les situations et les lieux les plus dangereux de notre planète. C'est grâce à leur sang-froid et à leur professionnalisme que j'ai également pu réaliser une série de films documentaires de 52 minutes, « A la poursuite des pierres précieuses » (disponibles en DVD et en K7 vidéo). Jean-Pierre Bailly, producteur (société MC4), a toujours cru en ce projet et c'est grâce à lui, et à Dominique Richard, directrice des programmes de RFO, ainsi qu'à France 5 qu'il a vu le jour.

On peut contacter Patrick Voillot sur son site internet à l'adresse suivante : // pat.voillot.free.fr

À la poursuite des pierres précieuses

CHANTAL GALTIER ROUSSEL
AGENCE LITTÉRAIRE
64, rue de Sèvres - 75007 PARIS
T. 33 01 45 66 71 11 - F. 33 01 43 06 09 39

À Arthur, Maxime, Chloé et Ariane

En couverture :
Cristal de rubis brut.

ISBN 2.7089.8166.8
© 2002, Éditions Privat, BP 828, 10 rue des Arts, 31080 Toulouse cedex 6
Dépôt légal octobre 2002
Imprimé en France

À la poursuite des pierres précieuses

Patrick Voillot

ÉDITIONS

Privat

Sommaire

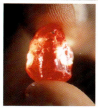

*Page de gauche et double page suivante :
L'auteur sur un marché aux rubis,
à Mogok en Birmanie.*

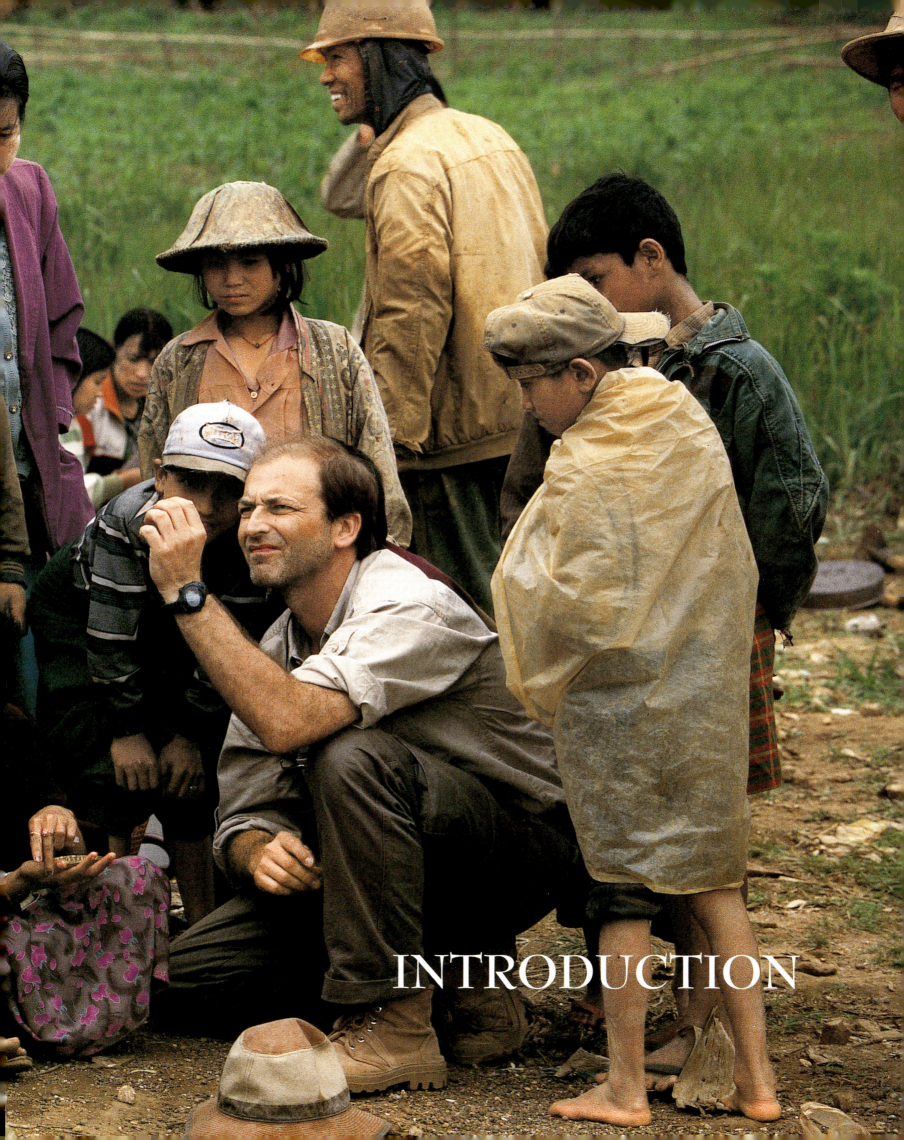

INTRODUCTION

A propos d'une passion...

Banankoro, Mogok, Muzo, Padder... : ces noms n'évoquent rien pour la plupart d'entre vous. Mais ils résonnent dans ma tête depuis mon enfance comme des destinations magiques. Ils sont synonymes de diamants, de rubis, d'émeraudes, de saphirs, les plus belles pierres précieuses du monde. C'est à leur recherche que, durant plusieurs mois, j'ai voyagé en Guinée Conakry, en Birmanie (Myanmar), en Colombie et au Cachemire.

Ces merveilles sont enfouies dans les mines les plus lointaines, au cœur de contrées inhospitalières, souvent en guerre. Comme si c'était un fait exprès, pour les protéger et garder secrètes leurs origines... Je n'ai jamais mené ces expéditions dans un but mercantile : j'aime les pierres, tout simplement. Certains les achètent et les vendent pour le profit ; moi, je collectionne leurs histoires et les légendes qui les entourent.

Cette démarche me permet de pénétrer dans des endroits insolites, inaccessibles même aux marchands du pays. Je vis ainsi de passionnantes aventures, je rencontre d'étonnants personnages. Ils sont mineurs, tailleurs, revendeurs, affabulateurs, tueurs, propriétaires, échangeurs, acheteurs...

...

Ci-dessus :
Les enfants de Mogok (Birmanie) recherchent les gemmes « en Kanasé ».

Ci-dessus :
Les mines d'émeraudes de Colombie sont gardées par des hommes armés jusqu'aux dents.

Page de gauche :
En Guinée ; ce diamant brut vaut déjà plusieurs milliers de dollars.

Chacun à sa manière, du plus pauvre au plus riche, de l'ignorant au savant, participe à cette mythique épopée. Si nombre d'entre eux sont sympathiques et chaleureux, certains sont peu recommandables, parfois inquiétants, voire dangereux. Mais qu'importe! Au fond, tous m'ont permis de mieux connaître ce monde étonnant des pierres précieuses qui me fascine depuis l'âge de huit ans. Cette passion est pour moi comme un fil conducteur qui m'entraîne toujours plus loin dans de nouvelles aventures serties de pierres étincelantes. Elle n'est pas près de s'assouvir ni de s'éteindre.

Depuis près d'un siècle, dans notre pays, la notion de pierre précieuse a considérablement évolué. La législation française, dans le souci en particulier d'éviter les malversations et les escroqueries, est maintenant très stricte. Elle est même beaucoup plus sévère que dans la plupart des autres pays. Une loi remontant au 1er août 1905 a d'abord été complétée et modifiée par un décret (n° 68- 1089) en date du 29 novembre 1968. Ces textes valaient règlement d'administration publique sur la répression des fraudes et des falsifications en matière d'exportation, de détention et de vente de quatre pierres précieuses : le diamant, le rubis, le saphir et l'émeraude. Toutes les autres étaient qualifiées de « pierres fines » .

Puis, le 22 juin 1998, par la directive 98/34/CE, le Parlement européen a imposé la publication d'un décret (n°2002-65) le 14 janvier 2002. Celui-ci réglemente désormais les vocables de « pierres gemmes » et de « perles ». Sont concernées les pierres gemmes formées dans des sites naturels, les pierres synthétiques, les pierres naturelles, les imitations de pierres gemmes, les matières organiques d'origines végétale ou animale traditionnellement utilisées en joaillerie, les perles fines de culture et leurs imitations.

Ci-contre :
Testeur de diamant.

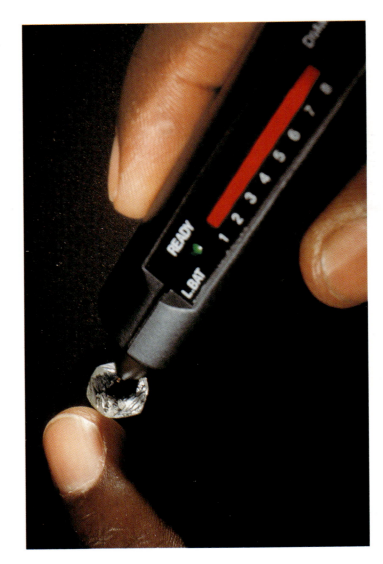

Ci-contre :
Des gemmes provenant
de Birmanie.

Ci-dessus :
*Emeraude brute
(Bogota, Colombie).*

Si la pierre a subi un traitement (irradiation, laser, colorant, diffusion en surface, emplissage), le nom de la gemme doit obligatoirement être suivi par le terme « traité ». Les qualificatifs de « reconstitué », « composite », « synthétique », « artificielle » sont eux aussi obligatoires.

• • •

Depuis plusieurs siècles, la carte des gisements de pierres précieuses a peu changé. La plus grande partie des réserves de diamants se trouve en Australie, en Afrique du Sud, en République démocratique du Congo, en Guinée Conakry, en Sierra Leone, en Angola, en Russie, au Canada et au Brésil.

On trouve des rubis en Birmanie, en Afghanistan, au Sri Lanka, en Thaïlande, au Vietnam, au Kenya, en Tanzanie , à Madagascar et en Malawi. Les émeraudes sont recherchées en Colombie, au Brésil, en Afghanistan, en Rhodésie, dans l'Oural, en Zambie, en Tanzanie, en Inde, au Pakistan, en Égypte, en Autriche. On en trouve également en Australie et à Madagascar où l'on a découvert le plus gros groupe de cristaux du monde : près de 70 kilos !

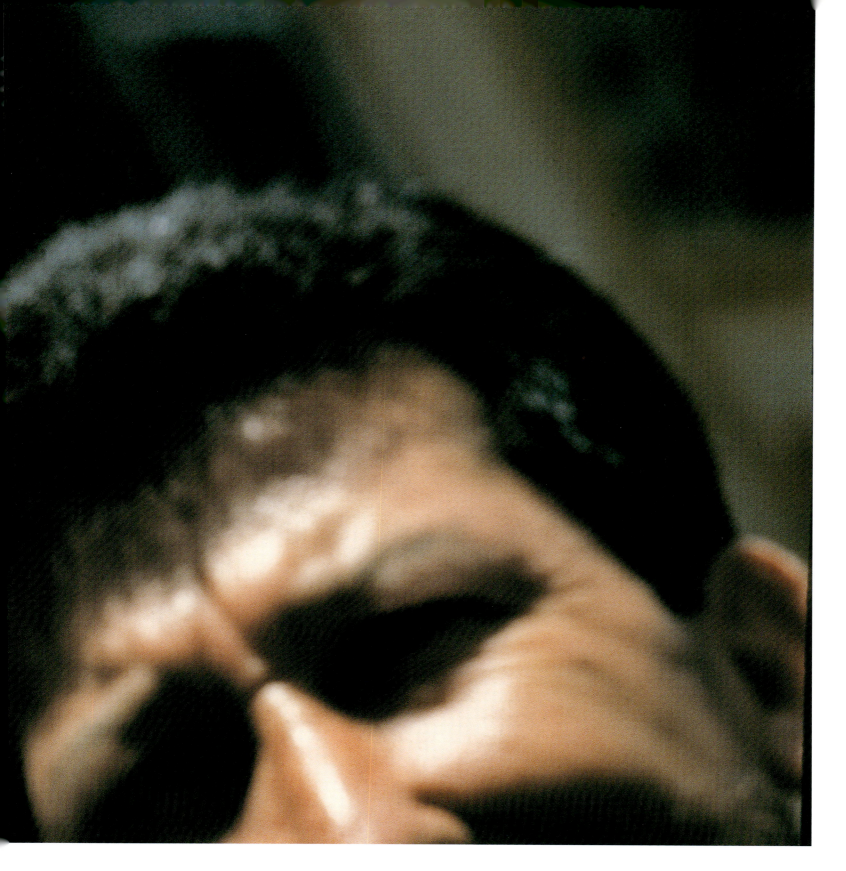

Enfin, les saphirs se cachent au Sri Lanka, au Cambodge, en Australie, en Thaïlande, en Birmanie et au Cachemire .

La liste de ces pays n'est pas exhaustive. Par chance, il reste encore dans le monde des endroits inexplorés. Et durant la lecture de ce livre, là-bas, dans une contrée perdue, un homme est peut-être en train de découvrir un nouveau gisement ou de sortir des entrailles de la terre le plus gros rubis du monde...

...

Les pierres précieuses se forment à des pressions et à des températures extrêmes, au sein de trois types de roches : magmatiques, sédimentaires et métamorphiques. Le diamant par exemple naît entre 150 et 200 kilomètres sous terre, à une température de plus de 1 200 °C. Lors de la cristallisation, les atomes se positionnent de diverses manières, donnant naissance à quatre types de gemmes qui, contrairement à une idée reçue, ne tirent pas leur dénomination de leur teinte, mais de leur composition chimique.

C'est sur celle-ci que se greffera ensuite la couleur. Différents éléments naturels, dont les oxydes, s'insèrent dans la structure des pierres : carbone pour le diamant, silicate de béryllium pour l'émeraude, oxyde d'aluminium pour les saphirs et les rubis. La différence entre un diamant rouge et un rubis proviendra de leurs caractéristiques chimiques et physiques.

La rareté de ces quatre pierres précieuses vient du fait qu'elles sont composées d'éléments eux-mêmes très rares dans la nature, et des conditions particulièrement exceptionnelles réunies au moment de leur formation.

...

La valeur des pierres précieuses est déterminée par les « quatre C » : Cut, la taille ; Clarity, la pureté ; Color, la couleur ; Carat, le poids. Cette unité de mesure équivaut à 0,2 gramme. Le mot vient du caroubier, un arbre africain qui produit une petite fève rougeâtre nommée *Kuara* par les indigènes. Depuis la nuit des

temps, elle servait à peser l'or en Afrique ; on l'a retrouvée en Inde pour peser les diamants...

Les systèmes d'achat et de vente varient en fonction des gemmes. Chaque pierre à ses propres filières. Les exploitants des mines et les marchands locaux ont des habitudes bien particulières. Le monde du diamant notamment est extrêmement différent de l'univers des autres pierres précieuses de couleur. Il m'est fréquemment arrivé de rencontrer au cours de mes voyages des spécialistes du diamant incapables de juger la qualité d'un saphir ou d'un rubis. Un lapidaire qui ne taille que des saphirs prendra un grand risque en taillant une émeraude, qui est une pierre très fragile. La taille du saphir elle-même est l'une des plus difficiles, et seule une longue pratique permet de déterminer le sens selon lequel il faut tailler la pierre pour obtenir la meilleure couleur. Quant à la taille du diamant, elle est effectuée uniquement par des spécialistes de cette pierre qui utilisent un matériel complètement différent des autres lapidaires.

...

C'est dans les salles de vente de deux grandes maisons, Christie's et Sotheby's, que la plupart des plus beaux joyaux du monde changent de mains. Voici quelques exemples de prix : 165 322 $ pour un diamant blanc poire de 100,10 carats (chez Sotheby's, mai 1995) ; 926 315 $ pour un diamant rouge de 0,95 carat, taille brillant (Christie's, avril 1987) ; 228 252 $ pour une bague ornée d'un rubis birman de 15,97 carats, taille coussin (Sotheby's, octobre 1988). On pourrait multiplier les exemples. Mais toutes les pierres sont précieuses : indépendamment de leur rareté, il suffit de les aimer, de leur donner un sens, de leur attribuer des pouvoirs, heureux ou maléfiques...

Ci-dessous :
Lapidaire spécialisé dans la taille de l'émeraude (Bogota, Colombie).

Ci-dessous :
Octaèdre de diamant (De Beers).

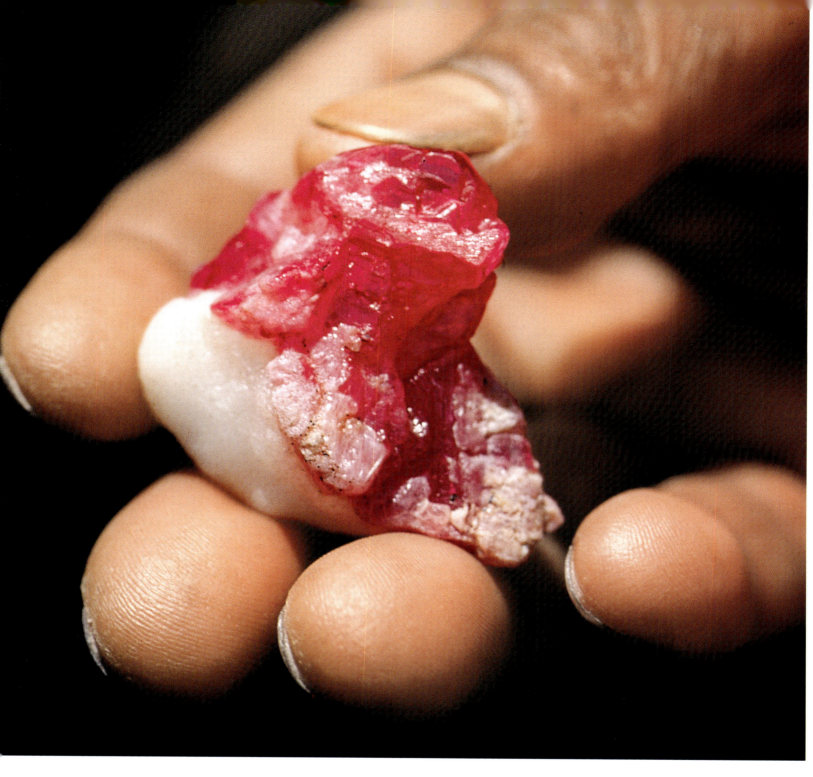

Ci-dessus :
Rubis brut sur marbre blanc
(Mogok, Birmanie).

Les pierres précieuses sont en effet chargées de symboles. On leur attribue autant de pouvoirs bénéfiques que de maléfices. Le diamant, baptisé par les Grecs Adamus (l'Indomptable), a toujours inspiré des notions de pureté, de force et de sagesse en relation avec son extrême dureté. Les histoires les plus romanesques ou les plus tragiques accompagnent les diamants les plus célèbres. Certains, comme le Koh-i-Noor, qui viendrait des mines de Bijâpur (Inde), porteraient malheur. Le Grand Diamant bleu, connu aujourd'hui sous le nom de Hope, détient sans doute la palme des maléfices : Jean-Baptiste Tavernier, qui l'avait découvert au pays des brahmanes, serait mort dévoré par des chiens après l'avoir vendu au roi Louis XIV. D'autres malédictions frappèrent ceux qui le possédèrent :

parmi eux, la comtesse Du Barry, Louis XVI et Marie Antoinette qui l'avaient porté finirent sur l'échafaud…

Le rubis quant à lui est le symbole de la charité et de l'amour divin. Il apporterait le bonheur. En revanche, il peut être dangereux s'il est porté par un individu atteint de troubles circulatoires : il suscite la violence et pousse à la luxure. Le saphir, couleur du ciel, est l'emblème du divin. Il a été vénéré très tôt en Egypte et à Rome, où l'on en faisait un symbole de justice et de vérité. L'émeraude enfin soignerait l'épilepsie et adoucirait les souffrances. Elle est encore le talisman des marins : sa couleur rappelle les teintes changeantes de l'océan. Elle serait aussi la gemme de la sagesse et de l'inspiration.

Ci-contre :
*Découverte du Cullinan près de
Prétoria en 1905
(à gauche, sir Thomas Cullinan).*

Les diamants célèbres sont nombreux : on peut citer le Grand Mogol (280 carats) de la Tour de Londres, le Centenary (273, 85 carats), que possédait la De Beers. Cullinan I et Cullinan II ont quant à eux une histoire étonnante. Le 26 janvier 1905, un ouvrier de la mine Premier, près de Prétoria en Afrique du Sud, propriété de Thomas Cullinan, trouva le plus gros diamant du monde. La pierre mesurait 11 centimètres de long, 5 de large, 6 de haut et pesait 621,20 grammes (3 106 carats). Cullinan vendit son trésor pour 750 000 dollars de l'époque au gouverneur du Transvaal, lequel en fit cadeau au roi Édouard VII. On annonça alors le transport de la pierre à bord d'un navire royal : il s'agissait en fait d'une mise en scène destinée à tromper le grand banditisme international. En réalité, le Cullinan parvint à Londres par simple paquet postal... Édouard VII choisit les frères Asscher, célèbres lapidaires d'Amsterdam, pour le tailler. Ceux-ci décidèrent alors de cliver et de tailler le Cullinan en plusieurs pierres de différents carats. Au moment de la fragmentation, Joseph Asscher s'évanouit d'émotion à l'idée de rater l'opération... Mais tout se passa correctement : 9 énormes pierres et 96 plus petites furent ainsi taillées. Des mois furent nécessaires pour effectuer l'ensemble du travail. Le roi Édouard VII fit entrer les deux plus grosses pierres, Cullinan I et Cullinan II, dans le Trésor de la Couronne.

Après la taille, on mesura une perte de matière de 65 %. Les diamantaires avaient donc dû résoudre un grave dilemme : préserver le poids initial et l'intégrité de la gemme, ou bien accepter de perdre jusqu'à 60 % de matière.

Les diamantaires n'eurent de cesse de mettre au point différentes formes de taille, jusqu'à la taille « brillant » actuelle, probablement née en Italie, à 57 ou 58 facettes ; c'est celle-ci qui semble avoir atteint la luminosité maximale.

• • •

Le rubis est une espèce de corindon, terme qui serait dérivé de l'hindou *kurand*. Le corindon est un groupe minéralogique auquel appartiennent deux variétés très connues : le saphir et le rubis. Ce dernier n'a été considéré comme une espèce minéralogique propre qu'à partir

Ci-dessus :
*Joseph Asscher quelques instants
avant qu'il ne clive le Cullinan...
(3 106 carats métriques).*

du XIXᵉ siècle. Sa couleur rouge vient de la présence de chrome trivalent. Parmi les rubis célèbres, on trouve l'Edwardes Ruby (167 carats, Museum of natural history de Londres), le Peace Rubis (43 carats), le rubis qui orne la couronne de Charles IV (250 carats, à Prague, Tchéquie). Les rubis sont généralement taillés en taille mixte (brillant pour la partie supérieure et à gradins pour la partie inférieure).

...

L'émeraude tire son nom d'un mot grec, *samaragdos* (pierre verte). Ce terme viendrait lui-même du persan ou de l'ancien indien et ferait référence aux pierres de couleur verte. L'émeraude est une variété de béryl (comme l'aigue-marine). Sa couleur verte dépend, la plupart du temps, de la présence d'atomes de chrome. Parmi les émeraudes fameuses, on peut citer le Devonshire (1 384 carats, propriété du duc de Devonshire), le Patricia (632 carats, Museum of natural history de New York), les émeraudes de la collection de la Banque de la République de Bogota où se trouvent cinq gemmes dont le poids varie entre 220 et

Ci-dessus :
Émeraude « taille émeraude ».

Ci-contre :
Rubis « taille ovale ».

Ci-dessous :
Colliers de saphirs birmans et de diamants.

1 796 carats. La taille la plus courante pour cette gemme est la « taille émeraude » : il s'agit d'une forme rectangulaire à facettes avec des angles émoussés et des facettes plates, spécialement étudiée pour préserver des chocs cette pierre fragile.

...

Le mot saphir est d'origine grecque : *sappheiros* signifie bleu. Une origine hébraïque est également évoquée : *sappir* signifie « la chose la plus belle ». Comme le rubis, le saphir est un corindon. Sa couleur provient de la présence d'une infime quantité d'atomes de fer et de titane. La production du saphir est 20 fois supérieure à celle du rubis. Parmi les saphirs célèbres, on peut citer celui du Musée du Kremlin (258,8 carats), et celui qui appartint aux rois de France et qui est conservé au Musée minéralogique de Paris ; le grand saphir bleu de Louis XIV (135,80 carats) quant à lui ne provient pas du Bengale mais de Ceylan : les inclusions qu'il contient le démontrent. Il fut considéré jusqu'au XIXᵉ siècle comme le plus beau saphir du monde. Le polissage à plat sur les six faces a préservé la beauté naturelle de cette gemme.

Mais sans plus attendre suivez-moi au Cachemire, en Birmanie, en Guinée et en Colombie à la poursuite des plus belles pierres précieuses du monde...

À la poursuite des SAPHIRS au CACHEMIRE

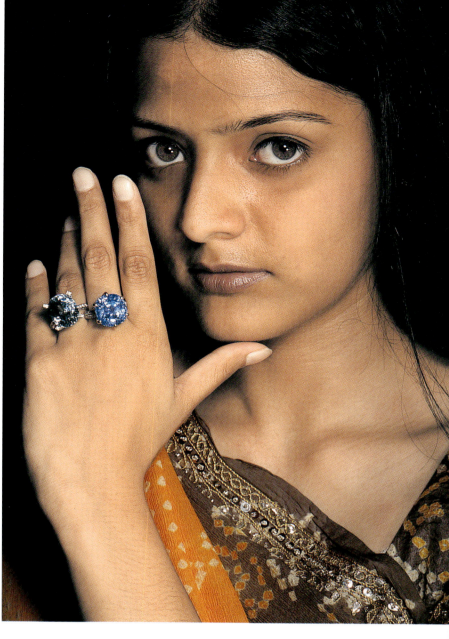

Double page
précédente :
Le lama Sonam contemple un saphir
du Cachemire : derrière lui s'étend la
vallée du Zanskar, dominée par le
haut Himalaya.

Page de gauche :
Un prince de Jaisalmer,
paré de joyaux
traditionnels.

Ci-contre :
Jeune Indienne portant deux bagues,
l'une (à gauche), ornée d'un saphir
de Birmanie, l'autre d'un saphir du
Cachemire.

Ci-contre :
Saphirs bruts du
Cachemire.

U daipur, Jodhpur, Jaipur : ces noms chantent doucement dans mes oreilles tandis que ma voiture, conduite par un chauffeur habile et sûr de lui, fait quelques embardées. Depuis Delhi, nous avons évité je ne sais combien de pousse-pousse, de chameaux, de bœufs... Sans compter, beaucoup plus grave, des enfants insouciants. Des femmes aussi, au port de reine, parées de tuniques multicolores, qui traversaient la route majestueusement en nous faisant, parfois, l'aumône d'un regard.

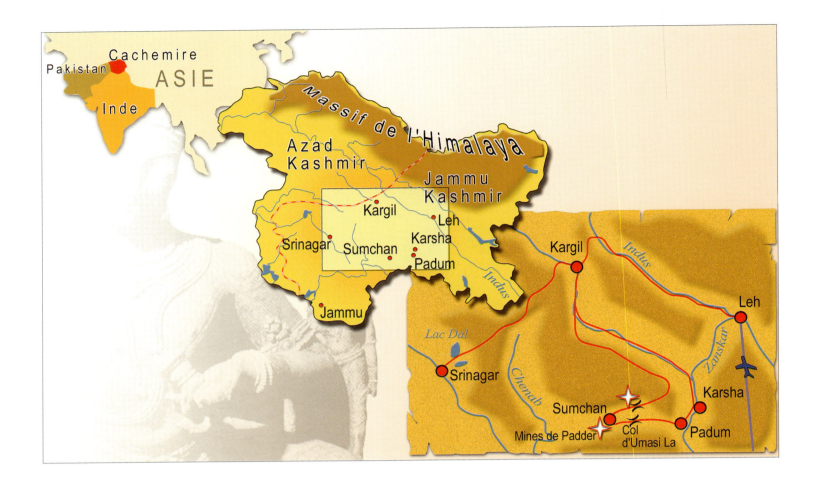

Pakistan
Cachemire
ASIE
Inde

Azad Kashmir

Massif de l'Himalaya

Jammu Kashmir

Kargil
Leh
Srinagar
Sumchan
Karsha
Padum

Jammu

Indus

Kargil
Indus
Leh

Lac Dal

Zanskar

Srinagar

Chenab

Karsha

Sumchan
Mines de Padder
Col d'Umasi La
Padum

Ci-contre :
Femme indienne portant des bijoux moghols anciens (diamants, émeraudes, perles).

Voici donc la ville rose, la capitale des maharajahs, la cité tant convoitée qui abrite des joailliers savants ayant pour clients de riches étrangers. Jaipur est ma première étape avant de visiter les autres grandes villes du célèbre Râjasthân, à la recherche de ce qui doit rester des trésors des maharajahs, ces seigneurs indiens grands consommateurs de pierres précieuses, notamment des saphirs en provenance du Cachemire. Mon véhicule s'arrête devant le City Palace, palais du maharajha de Jaipur. Mon contact m'a donné, à son intention, une lettre manuscrite d'introduction qui lui explique les raisons de ma venue. Après le passage de plusieurs barrages, devant lesquels je mesure que ma lettre fait merveille, je me retrouve dans un bureau dont la décoration et le mobilier évoquent le pays des pharaons. Un septuagénaire, qui a dû être fort bel homme, me reçoit. J'expose la raison de ma visite. « Mon pauvre ami, nous ne possédons plus de bijoux, en tout cas pas ici. Quant à votre projet d'aller dans les mines, croyez-moi, c'est une pure folie. En ce qui concerne les saphirs, poursuit-il, il s'agit d'une pierre très forte, bien souvent maudite et je n'en porte jamais ». Ca commence mal ! Le maharajah, plein de bonne volonté, continue : « Allez donc voir mon ami Sanjay Kasliwal ; il a un magasin, le Gem Palace. Il pourra peut-être vous aider ; en tout cas, il est en mesure de vous montrer quelques pièces qui vous impressionneront… ». L'adresse en poche, je sors du palais et me rends chez le fameux joaillier…

Ci-contre :
Entrée de la vallée qui mène au col d'Umasi, l'un des plus rudes du grand Himalaya.

Quelques semaines auparavant… Je suis à Paris, c'est l'été, ma famille est en vacances et j'attends, un peu désespéré, les autorisations du gouvernement indien pour gagner le cœur du petit Tibet, à la recherche des mines de saphir. L'ambassadeur de l'Inde à Paris m'a certifié, en personne, qu'il me les obtiendrait. Ici, tout le monde m'a regardé comme un fou ; plusieurs de mes amis, qui connaissent bien la région, ont cherché à me dissuader : « Tu vas te rendre dans une zone en guerre ; plus d'un y a laissé la vie ! ».

Tant pis. Les jours passent, je m'inquiète, je rappelle mes contacts. Où en sont mes autorisations ? Les fameux sésames qui doivent m'ouvrir les portes des mines sont perdus dans une valise diplomatique…

Le Cachemire, je l'ai dans la tête depuis des années. Surtout ses mines de saphir. Je veux me lancer sur leur trace, retrouver la route empruntée par ces pierres mythiques. Je dois pouvoir obtenir ces fichus permis grâce à l'un de mes amis, dont je tairai le nom. Il m'a mis en relation avec un dénommé Kazim Ali Khan. L'homme, qui est député et siège au Congrès indien, est de Rampur, et nawab de surcroît. Kazim Ali Khan doit me fournir d'autres autorisations qui me permettront de pénétrer dans la mine de Padder, en plein Cachemire. Quand on parle de « nawab » ou « nabab », on évoque, en fait, un titre donné dans l'Inde musulmane aux gouverneurs des provinces, aux grands officiers de la cour des sultans. Dans l'Inde hindouiste, on parle de maharajah, le terme signifiant littéralement « grand roi ».

Ci-contre :
Les Zanskaris sont habitués aux longues marches en montagne, leurs animaux aussi.

J'ai déjà bouclé mon bagage depuis un moment quand l'indispensable papier arrive enfin à mon domicile. Je n'ai plus qu'à confirmer un vol, me rendre à Roissy et m'envoler…

Double page suivante :
Les porteurs et les yacks sautent de rocher en rocher au bord de précipices vertigineux.

Delhi en août. Qui connaît la capitale indienne, particulièrement à cette époque de l'année, sait à quel point le visiteur européen est éprouvé. Pas tant par la foule, ni par le bruit ; ni par ce mouvement perpétuel qui semble agiter la capitale. Mais par le climat. Un ciel gris, chargé ; la mousson et sa chaleur moite, sorte de chape de plomb qui s'abat sur les épaules sitôt quitté l'aéroport et ses climatiseurs. La nuit a beau être tombée depuis longtemps lorsque j'arrive vers minuit à l'hôtel, l'air n'en est pas moins étouffant. J'ai posé ma valise, me suis précipité sous la douche puis au lit, un peu fatigué par neuf heures de vol auxquelles s'ajoutent trois heures de décalage horaire. Et cette tension vague et pesante, souvent liée à l'accomplissement d'un projet qui vous tient à cœur.

Ma nuit sera courte. Kazim Ali Khan m'a demandé d'être le lendemain, à 13 heures, dans son palais de Rampur. Rien de plus simple. Si ce n'est que, pour rallier le lieu de notre rendez-vous, qui ne se trouve qu'à environ deux cents kilomètres à vol d'oiseau de Delhi, il faut compter pas moins de douze heures aller-retour. Rampur se situe dans l'État de l'Himâchal Pradesh, le pays des sommets aux neiges éternelles. Je dois impérativement quitter l'hôtel vers six heures du matin.

Le concierge m'a trouvé un chauffeur et un véhicule. Je me cale à l'arrière, bien décidé à retrouver le sommeil. D'autant qu'il vaut mieux oublier cette route cauchemardesque : camions et voitures jonchent les fossés ou sont encastrés dans les arbres avec un tel naturel qu'on dirait un décor de film. Oublions aussi les klaxons hurlants et la manière dont les autochtones doublent sur une route à deux voies en invoquant leur karma pour justifier ce que nous qualifierions d'inconscience... N'en pouvant plus, je tape sur l'épaule de mon chauffeur ; il baragouine l'anglais : « Les bus et les camions sont un peu dangereux, vous ne trouvez pas ? Vous ne voulez pas rouler un peu plus doucement ? » Il hoche la tête et affirme tranquillement : « OK ! OK ! Ne vous en faites pas. Je fais ce métier depuis vingt ans et je n'ai jamais eu d'accident... » Et au lieu de lever le pied, il accélère. Excédé, je me recale à l'arrière.

Pour l'heure, les saphirs du Cachemire emplissent mes pensées. Je ne vois que leurs teintes bleu bleuet, bleu velouté, leur incomparable beauté. Oui, aujourd'hui, je vois la vie en bleu... Il faut dire que cette pierre est chargée de bien des symboles, celui de l'immortalité en particulier. Et les Perses croyaient que le monde reposait sur un immense saphir qui projetait sa splendide couleur sur tout l'univers...

Le nawab de Rampur m'attend dans son palais, dont une partie a été transformée en bibliothèque. Des hommes en armes gardent l'entrée et me conduisent auprès d'un géant, très costaud. Il doit avoir une petite quarantaine d'années. Mon hôte me reçoit chaleureusement et nous fait servir un déjeuner royal. Je me régale d'un rogan josh (sorte de curry d'agneau) et de gusthaba (des boulettes de viande épicées cuites dans une sauce au yaourt). Pour les accompagner, une multitude de beignets de légumes, des patisseries et des fruits variés.

Après ce festin, nous sommes confortablement assis sous un ventilateur. Sa Grandeur - c'est ainsi que le protocole veut que l'on appelle ces princes - me livre l'histoire de son petit état et celle de sa famille. « Enfant, raconte-t-il dans un anglais parfait, je jouais aux billes avec des perles. J'en avais des seaux entiers à ma disposition ; mon père et mes ancêtres les collectionnaient depuis toujours. En fait, poursuit-il, vous devez savoir qu'en matière de pierre précieuse, chaque famille a sa préférence ».

Pour illustrer ses propos, il me montre le portrait de son grand-père. Celui-ci porte un immense collier composé de vingt-et-un rangs ; les premiers serrent la base du cou, les suivants s'étendent, en s'élargissant, sur une bonne partie de sa poitrine. Admirable ! Mais revenons aux saphirs, et surtout à ceux du Cachemire… « En Inde, explique-t-il, il s'agit d'une pierre très chargée de sens, et qui peut porter malheur… Ma mère possédait une bague en saphir, et … » Mon interlocuteur n'a pas le temps de finir sa phrase.

Ci-dessus :
La traversée des torrents glaciaires à gué est rendue dangereuse par la force du courant et par le froid qui tétanise les membres.

Ci-contre :
Au bout du glacier, le terrible col d'Umasi.

Comme un écho à ses explications, le cadre abritant un portrait de son aïeul glisse, bouscule celui de sa mère et brise net un vase bleu, probablement un Gallé. « Oh my God ! », s'exclame le nawab, visiblement très contrarié. Un serviteur surgit de nulle part, et se fait vertement tancer. Je me garde bien de dire à mon hôte que j'ai dans mon sac plusieurs saphirs bruts… Malédiction, ou maladresse ? Je l'ignore et décide de rentrer à Delhi avec, en poche, des lettres écrites par le nawab en personne et qui me recommandent auprès des maharajahs et des dirigeants indiens que je vais rencontrer et dont le soutien me sera nécessaire.

Le lendemain, un thé dans une main et le téléphone dans l'autre, j'apprends que l'aéroport de Leh, la capitale du Ladâkh, est ouvert. Il faut profiter de deux accalmies : celle de la météo et celle consentie par les belligérants indiens et pakistanais. La région du Cachemire est coupée en deux depuis 1949. Un tiers revient au Pakistan (Azad Cachemire), deux tiers à l'Inde (Jammu Cachemire). Et aujourd'hui, il faut compter en outre avec les indépendantistes qui, comme partout, ne veulent dépendre de personne.

Ci-contre :
Les porteurs font
confiance au guide,
le lama Sonam.

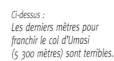

Ci-dessus :
Les derniers mètres pour
franchir le col d'Umasi
(5 300 mètres) sont terribles.

Ci-dessus :
Les ponts, lorsqu'ils existent,
sont faits de cordes et de pierres.

Ci-contre :
La mine surplombe
le village de Sumchan.

Ci-dessus :
Malgré un équipement
rudimentaire, le géologue
de la mine de Padder
possède une carte
satellite permettant de
localiser d'autres
gisements de saphirs
dans la région. Tous sont
inaccessibles...

Quand l'oxygène
vient à manquer

Chargé de tout le barda indispensable à la bonne marche de mon expédition, je m'envole pour un court voyage d'une heure et demie. Le vrai début de mon aventure, enfin ! L'État de Jammu est le Cachemire le plus septentrionnal de l'Inde. Leh est l'ancienne capitale du royaume ladaki. Le vol sur Air India est sans histoire. Au beau milieu de plaines arides, on devine la ville de Leh et ses quinze mille habitants serrés au pied d'un palais forteresse du XVIIᵉ siècle qui fait immédiatement penser à un Potala miniature. Vu d'avion, c'est très beau et je me sens heureux, excité et angoissé à la fois. Comme si j'étais près, tout près, de voir enfin les mines de saphir.

Mais à peine débarqué, mon organisme me fait rapidement réaliser que je suis arrivé d'un seul coup, et sans palier, à 3 500 mètres d'altitude. Dans le hall de l'aéroport, plutôt rudimentaire, une pancarte rappelle à l'ordre le visiteur et décrit les symptômes du mal de l'altitude. L'oxygène étant beaucoup plus rare, j'ai des palpitations et le souffle court. Assis dans un coin, un touriste d'un certain âge, venu faire du trekking, n'a pas l'air de se sentir très bien.
Prévenu de cette particularité, j'avais prévu de passer deux jours à Leh. Le temps de retrouver mon chauffeur et son 4x4. Le temps aussi de vérifier, voire de compléter, mon équipement

Durant deux jours, je déambule dans la ville, et en particulier dans ce que l'on nomme son bazar. La plupart du temps, j'ai la nausée et ne sors pas trop longtemps. Des villageoises portent des hottes remplies de légumes frais. Quand il n'y a pas d'acheteurs, elles font la causette avec leurs voisines ou filent la laine sur un petit fuseau portatif. Ici, on trouve tout. Au milieu de sacs de lentilles, des bidons d'huile végétale, des balais et, dans le magasin d'à côté, des antiquités aussi bien que des objets rituels, moulins à prière, masques, tambourins et cymbales. Il y a même quelques bijoutiers qui proposent des pierres : turquoises, corail, perles. Mais pas de saphirs. Je m'approche d'un des vendeurs : « Vous savez s'il existe des mines de saphirs dans la région ? ». « Je crois, je ne suis pas sûr, répond-il... En tout cas, c'est très loin ; on ne peut pas y aller... C'est très très dangereux ».

Ci-contre :
Les mineurs de Padder sont
une douzaine, tous de
confession musulmane.

Ci-dessus :
Le corindon bleu (saphir) se
forme dans la kaolinite.

Une expédition
dans un pays en guerre

À quatre heures du matin, il fait encore nuit. Avec mon chauffeur, nous quittons l'hôtel qui ne me laissera pas un souvenir impérissable. Destination Khargyl (ou Kargil), ville proche de la frontière du Pakistan, à 231 kilomètres de Leh. Dans l'enceinte de l'aéroport, j'avais été frappé par la présence de l'armée indienne ; au cours de mes pérégrinations dans la capitale du Ladakh, je l'avais un peu oubliée. En quittant la ville, j'aperçois partout des baraquements, des hangars et des convois de véhicules militaires roulant dans les deux sens. La beauté du paysage est spectaculaire. Mais je suis saisi par cette angoisse indéfinissable que l'on ressent dans les pays en guerre. Elle ne me quitte pas, me laissant sur mes gardes, le cerveau constamment en éveil. Je ne lutte jamais contre ce sentiment, car je crois foncièrement que la peur est salvatrice. Loin de le refouler, j'écoute mon instinct.

4x4, nids de poule, corps bringuebalants, camions de soldats qu'il faut laisser passer, klaxons, odeur de gazole et de poussière… en attendant les glaciers, voici mon univers. Le chauffeur me jette des sourires béats, découvrant des chicots noircis ; il ne doit pas être adepte des douches, je me tiens le plus loin possible…

De temps en temps, je suis pris d'une peur terrible quand la voiture fait des embardées et que, coincé derrière la portière, j'aperçois des abîmes vertigineux.

Khargyl ! Il y a environ deux décennies, on y voyait régulièrement des caravanes de yacks en provenance de Padum (Zanskar). Aujourd'hui, la deuxième ville du Ladakh sent la poudre. Au premier abord, ce n'est qu'une longue voie, Main Bazaar Road, avec des dizaines de petites ruelles adjacentes. Ici, les femmes sont voilées, et les inscriptions en arabe ; nous sommes en zone musulmane et le Pakistan est tout proche. On sent que cette ville est depuis longtemps en état de guerre : reconstructions précaires, armée omni-présente, ambiance lourde. Peu de temps avant mon arrivée, Pakistanais et Indiens avaient échangé des obus pour marquer l'échec des négociations entre les deux pays. Je descends dans un hôtel où les chambres sont distribuées sur une sorte de galerie. Moquette sale, douche carrelée où l'eau, plutôt froide, s'écoule à même le sol. En regardant le lit, je sais que je vais dormir dans mon sac de couchage… Les appels à la prière lancés depuis une mosquée m'empêchent de m'assoupir et me réveillent à l'aube.

Ci-dessous :
Le contremaître de la mine connaît bien le terrain et parvient à arracher à la montagne plusieurs grammes de saphir chaque jour.

Ci-dessous :
Padder est l'une des mines les plus hautes du monde.

À quatre heures du matin, nous remontons dans notre 4x4, destination Padum, le centre administratif du Zanskar. Il s'agit cette fois d'emprunter une route étroite et sinueuse, qui n'est praticable que de juillet à octobre. Il nous faudra encore quatorze heures pour atteindre notre but.

Après la sortie de Khargyl, on traverse tout d'abord une zone aride, sans végétation, un vrai désert d'altitude. Et puis, des cultures en escaliers apparaissent. Il y a de l'orge. Le soleil et le vent qui jouent dans ses épis lui donnent un côté lumineux, doux et soyeux. Plus loin, on croise quelques petites baraques en terre ; sur leurs terrasses plates, sèchent des galettes d'excréments de yack, destinées au chauffage et à la cuisson de la nourriture.

Profitant d'un passage moins pénible, mon chauffeur, Tchang, se relâche un peu et sourit. Soudain apparaissent des animaux à la fourrure épaisse, de couleur beige-jaunâtre, vautrés sur le sol et que rien ne semble pouvoir déranger. « Marmot, marmot ! », hurle Tchang en les montrant du doigt. « Vous savez, ajoute-t-il, il y a aussi des ours bruns ! Vous les verrez peut-être ». Notre prochain arrêt est Rangdum, à mi-chemin, en temps mais non en distance, de Padum. L'occasion de se dégourdir un peu les jambes et de se restaurer rapidement dans le seul hôtel-bistrot de la ville, qui comporte une dizaine de maisons. En buvant mon thé, j'appelle le patron et engage la conversation : « Il y a eu des problèmes ici récemment ? ». « Oui, oui, répond-t-il, dans le gompa (temple), pas loin d'ici...

Un touriste allemand et des moines ont été tués... Vous savez, la région est dangereuse ». Il donne un vague coup de chiffon sur la table et me demande : « Où allez vous ? ». « Je vais à Padum, c'est encore loin ? » Le tôlier revient avec une carte. « Vous avez au moins huit à neuf heures de route », me répond-il. Curieux, il me questionne : « Vous allez marcher ? » En montrant sur le papier la région des mines, j'élude vaguement la question et l'interroge à mon tour :

« Vous savez s'il y a toujours des saphirs, là-bas ? ». Il me regarde étonné: « On ne sait pas trop ; mais c'est très dangereux là-bas ! Il y a l'armée et puis des terroristes... On risque vraiment de se faire tuer ».

En quittant Rangdum, il faut monter jusqu'au col de Pensi La (4 450 mètres). Au détour d'un virage, on aperçoit, à droite, la chaîne du grand Himalaya et, à gauche, celle du Zanskar. La présence de ces sommets enneigés, qui ont l'air de toucher le ciel, renforce encore la notion de solitude et d'isolement.

J'avais prévu d'établir mon camp de base à Padum. En arrivant, et comme je commence à être un peu las de ces heures de route, je m'arrête avec mon chauffeur dans le bistrot local, petit café au toit très bas. À l'intérieur, en sortant une carte, je me fais expliquer par le patron la localisation exacte du village de Sumchan, à proximité des mines. Je lui demande surtout un guide sûr ; il faudrait en effet être fou et inconscient pour se lancer dans une promenade pareille sans un accompagnateur qui connaisse chaque rocher, le moindre glacier, et tous les passages. C'est le Grand Himalaya qu'il s'agit de traverser... Le propriétaire du café m'indique un lama ; lui aussi doit se rendre là-bas et les chemins n'ont aucun secret pour lui. Cet homme providentiel se nomme Sonam. Il vit dans le monastère de Karsha, à une dizaine de kilomètres à vol d'oiseau au nord de Padum.

Ci-contre :
Le registre sur lequel sont notées chaque jour les quantités de pierres extraites.

Ci-dessus :
Le contremaître et le chef de la police devant la production de saphir d'une semaine.

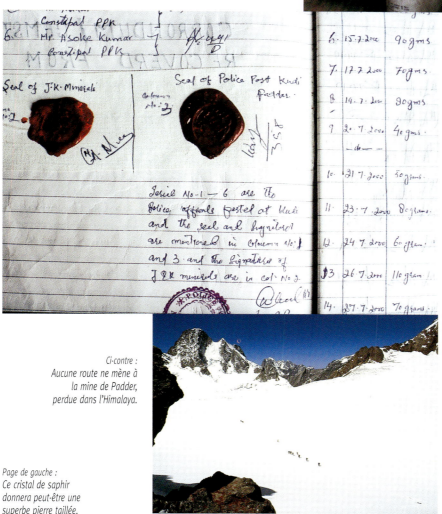

Ci-contre :
Aucune route ne mène à la mine de Padder, perdue dans l'Himalaya.

Page de gauche :
Ce cristal de saphir donnera peut-être une superbe pierre taillée.

Sonam porte le chapeau jaune. Il appartient à l'une des sectes les plus strictes du lamahisme, celle des ge-lupka dont le Dalaï Lama est le chef spirituel. Les « vertueux » entendent restaurer l'éthique ascétique prônée par le Bouddha historique. Le monastère où demeure Sonam compte une centaine de bâtiments blanchis à la chaux. Il aurait été fondé au XIIᵉ siècle et abrite aujourd'hui environ 160 moines. Sonam est fier d'être l'un des leurs. Aujourd'hui, il veut se rendre dans les mines pour une mission bien particulière : rapporter un saphir pour le glisser à l'intérieur d'un bouddha. « Vous accepteriez de me servir de guide ? » L'homme hoche la tête mais ne répond pas. Quelle guigne ! J'ai vraiment besoin de lui ! À Rampur, le nawab - et il n'est pas le seul - m'a prévenu : c'est une expédition de fous... À ne tenter qu'avec des gens qui connaissent parfaitement le terrain. Je sais que Sonam a fait plusieurs fois la route. Après une longue conversation, il accepte : « D'accord, mais il faut trouver des yacks, et surtout des porteurs. Pas n'importe qui... La montagne peut punir les inconscients ».

Vingt-quatre heures plus tard, tout est au point, et nous partons, une fois encore, vers quatre heures du matin. Le lama a fait des offrandes à Bouddha, et le temps, très mauvais les jours précédents, est magnifique. Voilà qui est, enfin, de bon augure.

En quittant la ville, la piste traverse la rivière Zanskar. Les dix premiers kilomètres sont plats. Tout le monde marche d'un bon pas, les porteurs chantonnent. Après Ating que nous atteignons six heures plus tard, la route bifurque vers le sud-est. Nous faisons une halte pour nous alimenter. Les porteurs ont allumé un feu avec des bouses de yack. Penchés sur ce foyer improvisé, ils font chauffer des galettes de farine d'orge grillée et préparent du thé ; la seule nourriture que je prendrai durant plusieurs jours.

Sur le chemin, Sonam me désigne de son bâton le temple de Zonkhul. « Il y a peu de temps, on y a volé un chorten en saphir d'une quinzaine de centimètres de hauteur. Le chorten, m'explique-t-il, c'est la version tibétaine du stupa, un monument ou un petit objet commémoratif de la mort de Bouddha ou d'un saint. Il contient des reliques. C'est un sacrilège ! », conclut Sonam, un rien sentencieux.

Première nuit sous la tente. Malgré mes vêtements thermiques et mon duvet de haute montagne, bien à l'abri sous ma tente, j'ai froid. Je vais m'habituer. Trois jours sont nécessaires pour atteindre le premier glacier.

Il va falloir nous séparer de nos yacks, incapables de les franchir. Je les regarde d'un autre œil. Ces braves bêtes, lentes mais robustes, sont vraiment indispensables : leur viande, leur lait, leur laine, jusqu'à leurs excréments, tout est consommable, vital même pour les gens d'ici.

En été, la nuit, la température tombe à moins 10 °C. Au cours de la journée, j'ai attrapé des brûlures sur les mains et les lèvres. Lorsque je vois, au travers de mes lunettes noires, le soleil et surtout la réverbération, je commence à mieux comprendre le teint brun foncé et les rides de mes compagnons. L'un d'eux a dit - le moine me l'a traduit et confirmé - que les femmes du Zanskar, pour se protéger du soleil et du vent, s'enduisent la peau de beurre qu'elles recouvrent de terre...

Il n'y a pas trop de vent et un temps un peu étrange nous accompagne. La veille de notre départ de Padum, le ciel était couvert. Depuis, nous avons grand beau mais, derrière nous, comme à distance, de gros nuages nous suivent. Je vais finir par croire que notre lama nous protège vraiment et qu'il a le pouvoir de maintenir le mauvais temps à distance.

Les chevaux-de-vent

Plusieurs jours passent. Demain, nous franchirons enfin le col si redouté d'Umasi, situé à 5 300 mètres d'altitude. Pendant le dîner, alors que nous sommes tous autour du feu, l'un des porteurs nous raconte comment, au XIXᵉ siècle, un général hindou nommé Zorowar Singh perdit vingt-cinq de ses hommes tandis que dix autres eurent les pieds et les mains gelés. Voilà de quoi réveiller la vigilance des plus inconscients…

Avant d'atteindre Umasi, il faut d'abord traverser un glacier sur quatre kilomètres, puis une sorte de goulet abrupt et verglacé. Le lama me prend la main et m'aide à franchir les derniers mètres ; j'ai le souffle court, mon cœur bat la chamade et la tête me tourne ; j'ai le sentiment d'être plongé dans une sorte d'apnée interminable.

En haut du col, les visages des porteurs s'illuminent. Ils rient devant un petit sanctuaire en pierre planté de drapeaux colorés, imprimés de prières. En pays lamaïste, on les dénomme « chevaux-de-vent », une belle métaphore pour signifier que le vent égrène toutes ces supplications à Bouddha, aux quatre coins du monde. Ma petite équipe hurle « juhlé, juhlé ».

Ci-dessous :
Ces deux tentes constituent les seuls abris des hommes travaillant dans la mine à 4 500 mètres d'altitude.

Les jours se succèdent, éprouvants. Je ne peux toujours rien avaler et je commence à flotter dans mes vêtements. Chaque soir, les porteurs préparent du thé. J'ai imposé l'usage d'une pompe avec un filtre ; nous utilisons l'eau de la rivière avec des pastilles désinfectantes. Mes compagnons ont sorti leur réchaud à essence. Ils continuent d'ingurgiter du thé auquel ils ajoutent de la farine d'orge, qui ressemble un peu à la farine de châtaigne que l'on trouve en Corse. Cela donne une bouillie assez énergétique qui, pour l'instant, me soulève le cœur.

Mais il y a les paysages, à couper le souffle : des falaises abruptes, à moitié enneigées, des kilomètres de cols couverts de glace à la couleur incertaine et mystérieuse, d'étonnantes ombres portées au coucher du soleil. Et ce silence que troublent seulement le rire des porteurs, leurs conversations, et leurs histoires étranges. « Un jour, me raconte l'un d'entre eux, j'étais derrière ces montagnes - il les montre du doigt. Là-bas, il y a un lac ; je me suis avancé et j'ai vu un saphir au fond ; j'ai voulu m'approcher, l'eau m'a repoussé… »

Termes intraduisibles, aussi immuables que la tradition qui veut que celui qui franchit le col pour la première fois offre une obole symbolique. Le lama me met un bout de tissu autour du cou ; en me regardant droit dans les yeux , et avec les quelques mots de français que je lui ai appris, il lance : « On y va ! »
Après avoir traversé un glacier couvert d'une neige traîtresse qui camoufle des crevasses mortelles, il faut descendre une pente. Elle affiche parfois 70 % de déclivité. Cette dangereuse descente débouche sur un vaste plateau, autre glacier, empli de crevasses dissimulées par la neige et qui s'étend sur plusieurs kilomètres. Descendre, toujours descendre. Traverser des champs de pierres que nul chemin ne délimite, garder son équilibre sur des cailloux qui roulent et s'entassent quelques centaines de mètres plus bas.
Deux jours que nous marchons. L'aube commence tout juste à poindre lorsque nous nous mettons en route. Le soleil n'est pas loin de se coucher lorsque nous nous arrêtons, épuisés. Le lama reste philosophe, les porteurs n'en peuvent plus. Le chien Miky non plus. Petite boule énergique, compagnon d'un sherpa, Miky, toujours au trot, la langue parfois pendante, le poil collé par la glace, nous suit ou nous précède depuis le début de notre voyage. Il se nourrit de ce que l'équipe lui lance en rigolant, dort collé contre ma tente.
Nouveau bivouac, nouvelle nuit et départ encore. Sonam est concentré, il prie. Il n'a pas cessé de prier pour protéger son groupe, éviter qu'il ne tombe dans

une crevasse ou dans les bras, plutôt agressifs, de séparatistes en tout genre. C'est surtout pour cette dernière raison que le lama nous fait marcher sur un rythme infernal, quatorze heures par jour. Il ne veut pas attirer l'attention. Notre petite caravane continue sa descente. Bientôt, on distingue des pousses disséminées, puis des grands champs où des plantes vertes font leur apparition de manière presque imperceptible. Peu de temps après, apparaissent une vallée verte, un bois de bouleaux, un champ d'edelweiss. Nous sommes maintenant à une altitude d'environ 3 500 mètres, sur le plateau morainique de Bhujwas. Il y a là quelques bergers et villageois. Évidemment, nous engageons la conversation :

Ci-dessus :
Le lama est parvenu à rapporter des saphirs en offrande à Bouddha.

Ci-contre :
Les porteurs ont échangé des denrées apportées du Zanskar contre des saphirs.

Page de droite :
Femme indienne portant des bijoux traditionnels.

Ci-dessus :
Miky, le chien d'un sherpa. Courage et fidélité !

« Nous arrivons de loin, nous voulons voir les mines de saphirs. Vous les connaissez ? Vous y êtes déjà allés ? » Les hommes se tournent vers le lama et lui lancent des regards interrogateurs et un peu lourds. Lui, toujours aussi serein, ne dit rien. Silence et patience, c'est le message que me renvoient ses yeux.

Encore une descente, puis voici le village de Sumchan, blotti au pied d'une montagne, en pleine zone séparatiste. Il paraît que là-haut, à plus de 4 500 mètres, la terre garde en son sein les plus précieuses et les plus douces des pierres bleues.

Une nouvelle nuit sous la tente. Tout à l'heure, et pour la première fois depuis une semaine, je me suis vraiment alimenté. Ce nouvel appétit est dû à une altitude plus basse, qui convient mieux à mon organisme. Auparavant, je me contentais d'un peu de yaourt. Ce soir, les porteurs ont pu faire la cuisine - quelques chapatis - en brûlant des galettes d'excréments de yack à nouveau disponibles.

Page de gauche :
Les femmes zanskaris
portent une coiffe
couverte de turquoises
nommée « perak ».

Ci-dessus :
Au monastère de Karsha,
les moines sélectionnent
les saphirs rapportés par
le lama Sonam.

Ci-dessous :
Les Zanskaris portent à
Karsha, pour la cérémonie,
les bouddhas qu'ils
achètent à Leh.

Double page
précédente :
Épuisés par le manque d'oxygène et
par le froid, les mineurs sont contraints
de faire de nombreuses pauses.

Ci-dessus :
Les habitants de ces vallées
échangeaient, à poids égal,
des saphirs contre du sel...

Le village paraît désert. Le lama affirme que tous ses habitants sont partis à un mariage. Peu importe. En fait, je n'ai qu'une idée en tête : dresser ma tente et me coucher... Enfin seul, je prends conscience que je suis aux pieds de ces mines légendaires ; j'ai répondu à leur appel ; enfer ou paradis, je vais enfin pouvoir pénétrer dans ce lieu où personne ne s'est rendu depuis des dizaines d'années. Dans ma tête défilent toutes les images que j'ai accumulées. Si ce n'était la nuit, la fatigue, le bon sens aussi, je m'y précipiterais...

Ci-dessus :
Avant la cérémonie, les moines
ouvrent avec précaution la statuette
pour y enfermer leurs offrandes.

Ci-contre :
Le saphir est enveloppé
dans un tissu avant d'être
offert à Bouddha.

Au milieu de la nuit, je suis réveillé par des douleurs atroces dans le dos. Je ne peux plus bouger et je commence à douter : « Mais qu'est-ce que je fais ici ? Dans ce milieu de fous furieux, en pleine zone séparatiste ? » Une nouvelle douleur insupportable me traverse. La pluie n'arrête pas de tomber. J'ai réussi à me retourner, je suis maintenant, si j'ose dire, à quatre pattes sous mon abri. Je parviens à avaler deux anti-inflammatoires et à m'allonger. Je tarde à trouver le sommeil. Et si la situation empirait ? Comment rentrer ? À Padum, j'avais contacté, pour les autorisations, le major S.B. Kasar, responsable sur place des forces armées. Il ne pouvait pas m'emmener en hélicoptère dans les mines, mais il m'avait assuré qu'il viendrait m'y chercher en cas de nécessité. Quatre heures du matin, je me réveille. Ça va mieux, les médicaments ont fait leur effet. J'ouvre ma tente et trouve Miky à l'abri de la pluie sous un pan protecteur. Dans une effusion de joie qui ne lui est pas habituelle, il me lèche.

Ci-dessus :
Dans la vallée du Zanskar, on porte fréquemment le costume traditionnel, en particulier à l'occasion des cérémonies.

Ci-contre :
Les vieux Zanskaris ont le visage buriné par la rudesse du climat. Leur vallée est coupée du monde par la neige six mois par an.

Cent grammes de saphirs par jour...

Un fois encore, le temps s'améliore, le lama, ma bonne étoile, ou les deux à la fois, nous protègent. Avec Sonam, nous allons grimper vers la mine qui domine le village à 4 500 mètres d'altitude. Mais le fait d'être redescendu jusqu'à 3 200 mètres (altitude de Sumchan) puis de remonter brutalement me cause à nouveau des maux de tête terribles.

Il est cinq heures du matin, le temps est encore un peu couvert, l'ascension commence, dans un brouillard constitué de nuages accrochés aux montagnes. Un énorme rocher en forme de triangle se dessine avec de plus en plus de netteté. Le lama, pour la première fois, a l'air soucieux. Lui qui ne cesse de me dire que sa destinée est dirigée par son karma... Commencerait-il à douter ? Désignant du menton le rocher près duquel trois têtes font leur apparition, Sonam s'écrie : « Voici le premier poste de police. Ne faites pas de gestes brusques, on ne sait jamais ». Un des policiers sort, le fusil à la main. Il converse avec le lama et finit par nous faire entrer dans leur abri de fortune. À même le sol, il y a un tapis ; au milieu, un feu de bouses de yack

et une théière noircie qui bouillonne. Ces hommes vivent ici six mois par an, sans eau ni électricité. « D'où venez-vous et pourquoi êtes-vous là ? », me demande le plus gradé qui, visiblement, n'a jamais vu un étranger ici. J'explique le but de ma visite, j'y mets toute la diplomatie et la persuasion possibles. L'homme décortique mon passeport et mes autorisations ; un billet de cent dollars achève de le convaincre.

Nous avons encore deux heures de montée. Un garde nous accompagne, l'atmosphère se détend un peu. Au détour d'un chemin muletier, une déflagration nous fait sursauter. Plus loin, plantées sur un pic rocheux, deux tentes sur lesquelles sont accrochées des banderoles rouges sur lesquelles figure l'inscription « Kashmir sapphire mines ». Quatre hommes nous attendent, l'air aussi étonné que les policiers. L'un d'entre eux, la trentaine, barbu, s'approche de moi : il s'appelle Ahmed, il est géologue. Il semble content de pouvoir discuter avec un scientifique. Après avoir vu les autorisations, il propose spontanément de m'emmener dans la mine.

À quelques centaines de mètres, une quinzaine de mineurs, tous musulmans, manient dynamite, barres à mine, pelles. Les visages burinés grimacent sous l'effort ; à 4 500 mètres d'altitude, chaque geste coûte cher.

Ahmed me précède, il se met à quatre pattes et plonge dans une galerie ; je le suis. Taillé à même le roc, sans étais, le goulet noir s'enfonce dans les entrailles de la montagne. Des stalactites de glace pendent le long des murs ; la glace paraît servir de ciment à d'énormes rochers suspendus au-dessus de nos têtes. Ahmed les désigne du doigt : « J'ai perdu plusieurs hommes ici. Avec la chaleur des torches, la glace fond, les rochers se descellent et la galerie s'effondre ». Comme pour renforcer son effet, Ahmed poursuit : « Cela fait un moment que le phénomène se produit. Du temps des Anglais, quatre hommes avaient trouvé des saphirs plus beaux les uns que les autres. Mais ils sont restés trop longtemps ; l'un d'entre eux à pu s'échapper, les autres non ». Un sourire dans l'œil, Ahmed poursuit : « On recherche toujours leurs pierres parce que, pour eux, évidemment, c'est terminé ». J'ai la gorge un peu sèche. Mon amour des pierres n'irait pas jusqu'à me faire apprécier un tombeau dans cette montagne.

Ci-dessus :
Le maharajah du Cachemire,
Dr Karan Singh (à droite) et l'auteur.

Ci-dessous :
Tailler des saphirs du Cachemire
demande une grande habitude.

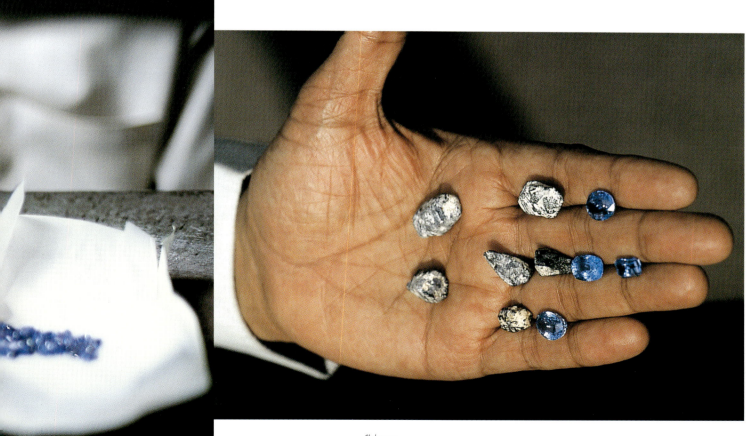

Ci-dessus :
Seul un lapidaire expert peut sortir
d'une gemme brute ce célèbre bleu
velouté qui fait la réputation des plus
beaux saphirs du monde.

Des bruits sourds augmentent au fur et à mesure que nous progressons dans la galerie. Soudain, une lueur apparaît, éclairant de manière un peu fantastique une poignée d'hommes en train de creuser. Ahmed s'approche du filon : « C'est dans la partie blanche de la paroi, nommée kaolinite, que se trouvent les plus belles gemmes », explique-t-il. Devant moi, les hommes arrachent cette sorte d'argile blanche et la tassent dans des seaux pour la ramener à la surface. Ils passent alors l'ensemble sur un tamis, avec de l'eau. Il restera au fond quelques morceaux blanchâtres : ce sont les saphirs. Curieusement, leur couleur bleue est cachée par le dépôt blanc superficiel qui recouvre le cristal.

Il y en a ici pour une petite fortune. Je n'ai donc pas rêvé : les mines du Cachemire regorgent encore de pierres... Ahmed m'arrache à ma rêverie : « Venez, j'ai autre chose à vous montrer ». Dans une des tentes, il ouvre un coffre dans lequel se trouvent une multitude de petits sachets blancs scellés par deux cachets de cire. « C'est notre récolte quotidienne, m'explique Ahmed ; on la pèse, on l'inscrit sur un registre puis on la dépose dans ces petits sacs. Ensuite, le chef de la police et moi-même cachetons les sacs avant qu'ils ne partent pour Srinagar ». Un peu étonné, je regarde le registre : c'est bien vrai, on extrait ici chaque jour jusqu'à 100 grammes de saphirs. La plupart vont voyager dans les poches d'un policier à pied, à peine armé, qui devra parcourir environ soixante kilomètres en pleine zone de guérilla séparatiste... Les villageois reconnaissent à demi-mot qu'un fort pourcentage est reversé pour éviter toute agression. Les autres pierres sont acheminées en voiture depuis Kishwar jusqu'à Srinagar. Les coffres de la société J & K les protègent. Il s'agit d'une société d'État ; le plus étonnant, c'est que les gens du gouvernement indien pensent que ces mines sont épuisées...

Mais Ahmed n'a pas fini la visite.... Posée à même le sol, une surprenante carte satellite indique tous les endroits de la région où la montagne abrite des saphirs. Malheureusement, ces gisements potentiels de corindon se situent dans des lieux inaccessibles, à des altitudes vertigineuses, protégés par les neiges éternelles. Ahmed me propose de passer la nuit là-haut. Je décline son invitation. Pas question de rester trop longtemps dans une des régions les plus dangereuses au monde. Je n'ai pas de saphirs à proposer en échange de mon existence...

Dans la descente qui nous ramène au campement, je ramasse quelques échantillons de pierres pour mon copain Gaston, chercheur au CNRS, et qui fait des études sur la localisation des saphirs dans le monde. De son côté, le lama a fait ses acquisitions pour ses offrandes à Bouddha.

Il nous faut maintenant repartir vers le Zanskar. À nouveau, la route épuisante, le passage du col de Hagsu, la traversée de rivières gelées, les crevasses à éviter, des montagnes hallucinantes dont certaines ont la forme du cristal de saphir… Il faut grimper, toujours et encore, sur des glaciers. Tout à coup, le long des rochers, sous nos pieds, à portée de main, des saphirs ! Les porteurs le savaient et m'en font la surprise ; même si les pierres sont de qualité moyenne, je suis stupéfait. Les autres hurlent et poussent des cris de joie. Je me précipite, l'endroit est très pentu, particulièrement dangereux. Très excités, les sherpas qui se trouvent au-dessus font tomber des rochers qui déboulent en contre-bas, à l'endroit où je me trouve, et manquent de me fracasser la tête. Évidemment, nous ramassons tous les précieuses pierres.

Le col est passé, le glacier le plus dangereux se dresse devant nous. Le temps est à nouveau épouvantable, on ne voit pas à trois mètres. J'obtiens enfin que nous nous encordions. Heureusement, car le sol neigeux se dérobe sous mes pieds, et je me retrouve dans un gouffre de glace.

À la fin du XIXᵉ et jusqu'au milieu du XXᵉ siècle, les princes indiens achetaient sans compter, dans le monde entier, des pierres précieuses. Un astrologue leur conseillait-il de se procurer un saphir ? Ils en achetaient cinq kilos, de qualité exceptionnelle..., puis les oubliaient dans un meuble de l'une des innombrables pièces de leurs palais. Les temps ont changé...

*Ci-contre :
Bhawani Singh,
le maharajah de Jaipur.*

Ci-dessous :
Le maharajah de Jaipur dans son bureau « égyptien » du City Palace.

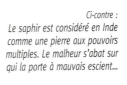

Ci-dessous :
Saphir brut du Cachemire, d'un poids de 20 carats environ.

Ci-dessus :
Toujours périlleuse,
la marche sur les glaciers
et les névés gelés.

Le gaillard qui me précède s'accroche à la corde et me sauve la vie. En remontant des entrailles du glacier et malgré le froid, je sens une sueur chaude me parcourir l'échine. Si j'étais tombé au fond, cinquante ou soixante mètres plus bas, les torrents du glacier auraient pu m'emporter.

Un peu plus tard, sur une pente verglacée, le premier d'entre nous, équipé d'invraisemblables godillots en caoutchouc, peine à avancer. Quand je compare mes grosses chaussures de montagne avec les siennes, je me demande même comment il peut marcher. Ca y est ! Il dévisse et nous entraîne dans une glissade de 150 mètres. Quand nous nous arrêtons, sans le moindre bobo, le lama debout nous regarde un rien goguenard. S'il y avait eu la moindre crevasse, nous étions tous perdus. Nous repassons par le monastère de Karsha pour y laisser le lama Sonam.

Les moines ont organisé une cérémonie de chargement de bouddha. Elle dure plusieurs jours et nous y sommes conviés. Dans une ambiance assez étonnante, s'élèvent l'encens et les longues mélopées des hommes de prière. Ils en ont écrit environ 500 sur des papiers délicatement découpés et roulés. On les nomme des « Zungs ». Peu après, les hommes jaunes ont broyé toutes sortes d'épices (clous de girofle, cardamone, safran, ainsi que du quartz) et ont glissé l'ensemble dans la statuette. À la fin, ils y ont introduit le saphir rapporté par le lama et enveloppé pour la circonstance dans un bout de tissu orange.

J'ai quitté Sonam un peu ému : « Peut-être, a-t-il dit, que nos karmas respectifs nous permettront de nous revoir... » À Padum, j'ai revu le major. « Vous avez eu de la chance, m'a-t-il dit en tirant sur ses moustaches. Vous étiez à peine partis que nous avons reçu des ordres pour vous en empêcher... »

Adieu Padum, je pars pour Srinagar. Je veux m'y reposer un peu. Dans l'aventure, j'ai perdu plus de sept kilos. Pour regagner Delhi, je préfère emprunter cet aéroport plutôt que celui de Leh, trop souvent fermé. Une nouvelle fois, la route est invraisemblable et on ne peut s'empêcher de se demander comment des conducteurs peuvent être encore en vie...

Double page
suivante :
Shepir a consacré sa vie
à la taille des saphirs
du Cachemire.

Il fait nuit et, quand nous ne doublons pas dans les vi-
rages, nous devons nous arrêter pour laisser passer des
convois de camions militaires. La lune éclaire ces
scènes surréalistes. Je n'ai pas échappé aux tueurs, aux
crevasses, au froid, pour perdre la vie sur une chaussée
pareille…

Après les sommets enneigés, la toundra desséchée, la
steppe grise, nous sommes maintenant dans un paradis de verdure, la vallée du Cachemire. Arrivé à
Srinagar, je ne pense qu'à repartir sur Delhi pour me
rendre chez les joailliers du Sunder Nagar Market où
aboutissent, depuis des générations, les pierres brutes
du Cachemire. Quitter cette région s'avère presque
aussi risqué que de s'y rendre : sur le chemin de l'aéroport, des coups de feu éclatent ; le chauffeur s'arrête,
interroge un passant qui court pour se mettre à l'abri :
« Mais que se passe-t-il ? ». « Change de route, ils se
battent, là-bas ! ». Le chauffeur fait demi-tour et fon-
ce dans les ruelles. L'aéroport est en état de guerre, les
bagages sont fouillés trois fois ; trois fois aussi, on
contrôle mes poches, mes vêtements et on me palpe
longuement les bras, le torse, le dos et les jambes. J'ai
l'impression d'être un dangereux terroriste.

Ci-dessus :
Incrustées de diamants et couvertes
d'émaux, une assiette et une cuiller
ayant appartenu à un maharajah.

Ci-dessus :
Ces saphirs et ces bijoux qui couvrent
la table ont été pour la plupart taillés
et montés par les ancêtres de Sanjay
(à droite, avec l'auteur) pour les
maharajahs. Aujourd'hui, Sanjay
rachète ces objets précieux.

Ci-dessus :
Au milieu de saphirs anciens
du Cachemire trône une pierre
entourée de diamants.
Cet énorme saphir pèse 42 carats.

Ci-contre :
Sanjay Kasliwal a
aménagé une salle digne
d'un palais de maharajah.
Il veut en faire un musée.

Parvenu à Delhi, après une nouvelle nuit, je prends un rikshaw et cours au Sunder Nagar Market. Quand je l'avais quitté, le lama Sonam avait glissé un papier dans ma poche, sur lequel il avait inscrit le nom d'un lapidaire de Delhi. Shepir, c'est son nom, exerce dans sa boutique depuis une cinquantaine d'années. Pour polir les pierres, et parmi elles les saphirs, cet artiste utilise les mêmes techniques que ses aïeux. Ce travail s'effectue avec une meule et un archet, selon une méthode empirique. Un peu étonné par l'aventure que je lui raconte, le vieux lapidaire se livre à une démonstration. Il la commente dans son anglais à lui, d'une voix rauque : « Le saphir est la pierre la plus dure à tailler ; il faut localiser la couleur, et pour qu'elle exprime le bleu velouté qui la caractérise, la facetter au bon endroit ».

Mais même si les pierres du vieil homme sont belles, on est loin de celles que j'avais vues à Jaipur, chez Sanjay. J'étais entré dans le Gem Palace, son magasin, qui ne payait vraiment pas de mine.

Un homme d'une quarantaine d'années, costaud, le visage barré d'une moustache noire, m'avait reçu. C'était Sanjay. Dans sa famille, ils sont joailliers de père en fils depuis des générations ; ils connaissent donc bien tous les maharajahs passés et présents. Je lui avais expliqué ma quête. Souriant, il avait répondu : « Je peux vous montrer quelques pierres ». C'est ainsi qu'il sortit une vingtaine de saphirs taillés du Cachemire et les posa sur la table. Je les admirai et demandai : « vous en avez d'autres? ». « Bien sûr, beaucoup d'autres. Je rachète aux maharajahs toutes les pierres qu'ils avaient pris l'habitude de ranger dans des coffres et que, les années aidant, ils ont oubliées. Regarde… ». Il versa alors pas moins de cinq kilos de pierres du Cachemire sur la table ; dans une sorte de frénésie, il fit encore apparaître un rubis « sang de pigeon » de dix carats, pour lequel il refusa une offre de 3 millions de dollars… Mais ce n'était pas fini : apparurent une ceinture de rubis, un fouet au manche constitué de perles et saphirs, une assiette en or sertie de diamants, un collier de la même pierre précieuse où pendaient des gouttes d'émeraude… Devant mon regard émerveillé, Sanjay ajouta : « Tu n'as pas vu le plus intéressant ». Il passa la main au dessus d'une vitrine, sortit un petit sac noir qu'il ouvrit. A l'intérieur se trouvait une bague aux proportions étonnantes : en son milieu trônait un énorme saphir du Cachemire de 42 carats !

Le saphir

Il appartient au groupe des corindons.
Couleur : bleu, avec toutes les nuances possibles. Mais il peut être aussi incolore, rose, orange, jaune, vert, violet, noir. La couleur est due à la présence de fer et de titane pour le bleu, de vanadium pour le violet ; une moindre teneur en fer donnera le jaune et le vert, et une faible teneur de chrome la couleur rose.
Dureté : 9. Il se situe juste après le diamant dans l'échelle de dureté. Il est pourtant 140 fois moins dur.
Densité : 3,99 - 4,00
Système cristallin : rhomboèdrique
Composition chimique : oxyde d'aluminium $Al_2 O_3$
Réfringence : 1,766 - 1,774

C'est à sa couleur bleue que le saphir doit son nom. Le mot « saphir » en grec était utilisé pour désigner différentes pierres bleues, dont le lapis lazuli. La dénomination saphir désigne aujourd'hui les corindons de qualité gemme qui ne sont pas rouges.
Un saphir sans dénomination de couleur est donc bleu ; les autres couleurs sont précisées par un adjectif. Par exemple : saphir vert, saphir jaune. Le saphir orangé porte aussi le nom de « padparadscha » (fleur de lotus en cinghalais).
Le plus rare est sans conteste le saphir du Cachemire, au bleu inégalable. Dina Level, qui forma la plupart des gemmologistes français, le décrivait ainsi : « c'est une couleur bleuet-des-champs, vive et merveilleusement veloutée, comme si dans ce ciel bleu de roi flottait une impalpable brume de beau temps. Il émane de ces saphirs du Cachemire une impression de somptuosité et de douceur. La légende dit que le saphir préservait de l'envie et qu'elle était la « gemme de l'âme ».

On peut rencontrer des saphir étoilés : ceci est dû aux inclusions d'aiguilles de rutile. Il y a plusieurs millions d'années, un fluide circula entre une pegmatite et une roche dérivée du manteau terrestre. Il se transforma pour donner finalement la kaolinite. Pendant sa transformation, le fluide s'enrichit en aluminium, fer et titane, ces différents éléments se combinant et se déposant pour donner les saphirs du Cachemire.

Certaines pierres peuvent être confondues avec le saphir :
le spinelle, la cyanite, la tourmaline,
la tanzanite, la topaze, le zircon
la cordiérite, la bénitoite
Il existe aussi, dans le registre de la supercherie, les doublets, le verre, les saphirs synthétiques (plus particulièrement du procédé Verneuil, sur les lieux d'extraction, car ils sont peu chers). Il existe aussi des saphirs étoilés synthétiques.
Certains saphirs ont subi des traitements destinés à modifier leur couleur et leur qualité. Par exemple, en chauffant à 2 000 °C un saphir laiteux nommé « geuda », on termine le processus naturel et, dans un bon pourcentage de cas, une pierre d'un beau bleu est obtenue. Certaines pierres de faible couleur sont chauffées avec un produit colorant qui diffuse sur quelques microns à la surface de la pierre. Dans tous les cas, ces procédés doivent être signalés lors de la vente de la pierre qui doit porter la mention « traitée ».

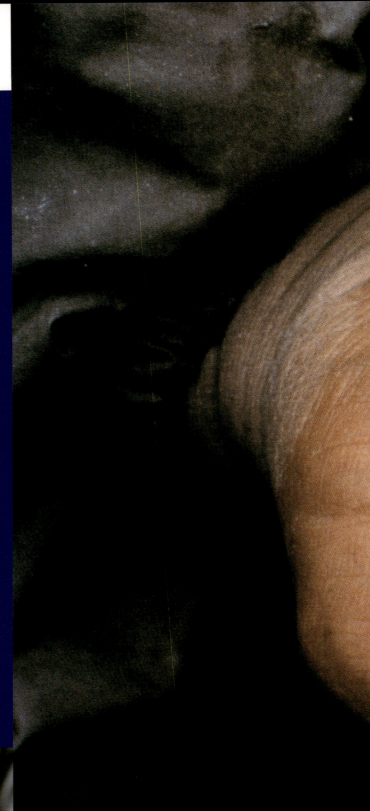

Des saphirs taillés, dans le pli (ci-dessus),
et des saphirs bruts, dans la paume de la main (ci-contre).

À la poursuite
des RUBIS
en BIRMANIE

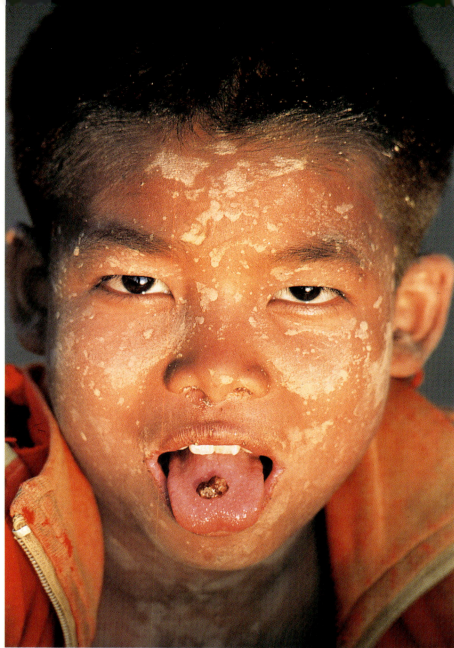

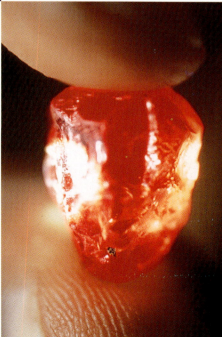

Finalement, je serai à l'heure. Le restaurant chinois dans lequel mon contact, le docteur Saw Naug, m'a donné rendez-vous est maintenant à deux pas. J'ai eu un peu de mal à m'arracher à mon hôtel, le Pansea, une magnifique maison coloniale, ancienne ambassade des Karens à Rangoon, et ultime confort avant d'affronter ce périple qui s'annonce passionnant mais exténuant.
À peine ai-je poussé la porte pour entrer qu'un spectacle hallucinant se déroule devant moi. À l'intérieur même du restaurant, un énorme cobra vivant tente d'échapper à ses « ravisseurs ». Il s'agite, se contorsionne. Mais la main qui l'enserre ne lâche pas prise et lui plonge bientôt la tête dans un récipient d'alcool.

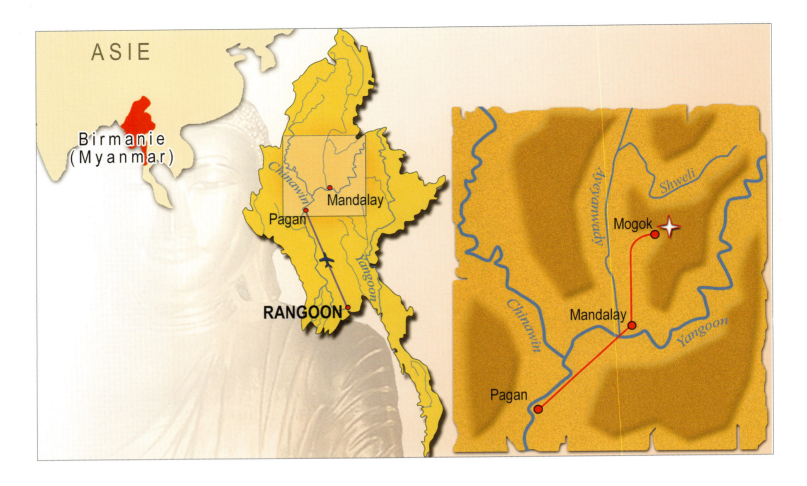

ASIE

Birmanie
(Myanmar)

Chindwin
Mandalay
Pagan
Yangoon

RANGOON

Ayeyarwady
Shweli
Mogok
Chindwin
Mandalay
Yangoon
Pagan

Ci-dessus :
Le toit couvert d'or de la
pagode de Shwedagon,
à Rangoon.

À la fois surpris et dégoûté par la scène, je promène mon regard dans la salle, à la recherche de mon contact. Mais je suis bien vite attiré à nouveau par cette boucherie sordide. Les hommes sont en train de couper le serpent en deux. Ils recueillent le sang dans des verres remplis d'alcool. Puis ils poursuivent leur découpage en rondelles. À l'autre bout de la salle, une biche à l'air aussi effaré que moi, inquiète sûrement de ce qui pourrait lui arriver… Dans une cage, des varans semblent attendre leur tour. Je remarque alors, posés sur le comptoir, d'énormes bocaux dans lesquels baignent des araignées et des reptiles de toutes sortes. Depuis que j'ai pénétré dans ce restaurant, je n'ai pas réussi à bouger, je suis resté figé. Soudain, une main se tend brutalement vers moi. Elle m'offre un verre plein de cette potion aux vertus soi-disant aphrodisiaques. Je refuse timidement ce cadeau, détache mon regard de ce verre qui m'écœure pour le poser sur le visage de mon interlocuteur : c'est le patron. Il a une tête de serpent, une bouche minuscule mais des lèvres saillantes et anguleuses.

Assis à une table, le docteur me fait signe de le re-joindre. Il a toujours le même visage rond, des petits yeux perçants qui s'illuminent derrière ses lunettes quand il parle de rubis et un éternel sourire énigma-tique qui lui dessine deux minuscules fossettes dans les joues. Comme à son habitude, il porte un polo et, en-roulé autour des reins et des jambes, le traditionnel longyi, légère étoffe quadrillée en forme de jupe. Je ne l'avais pas remarqué au milieu de ce carnage... Pas plus que je n'avais prêté attention à la gêne du personnel. Devant mon air éberlué, mon ami m'explique : « Le patron est chinois. Tu sais, eux, ne craignent pas les serpents ». Je comprends alors l'évidente désapproba-tion des employés : profondément bouddhistes, les Birmans n'aiment pas que l'on maltraite un animal, quel qu'il soit.

Ci-contre :
La loupe fournit quelques
indices sur l'authenticité
et la pureté des gemmes.

Double page
suivante :
Pagan, la plaine aux
mille pagodes. Sous
chacun de ces temples
sont cachés des trésors,
et parfois des rubis
déposés en offrande.

Ci-dessous :
Depuis le Vᵉ siècle, une vallée
perdue dans le nord de la
Birmanie regorge de rubis et
autres gemmes précieuses.
C'est la vallée de Mogok.

Une « enceinte merveilleuse ouverte à chacun »...

Heureusement, les nouvelles que me donne le docteur sont bonnes. Nous pourrons partir dès demain sur la route des rubis. Grâce à lui, les mines de Mogok vont enfin m'ouvrir leurs portes. Pendant que nous réglons les derniers détails, j'aperçois le patron du restaurant qui ingurgite dans notre dos deux verres du mélange venin, sang et alcool… Je n'en reviens pas.

L'heure est venue de me séparer de mon contact. Nous nous serrons la main. La poignée est franche et amicale, à l'image des liens qui nous unissent depuis ces dernières années. Depuis que Xavier, un ami français de longue date, directeur de la production d'une grosse joaillerie birmane, a eu la gentillesse et la bonne idée de me le présenter.

Si mon histoire en étonne plus d'un - un pharmacien qui court le monde en quête de pierres précieuses -, le destin du docteur est quant à lui assez singulier. Originaire de Mogok, ce quadragénaire faisait péniblement vivre sa famille avec 450 kiats par mois. Il eut un jour l'occasion de soigner un mineur blessé par une explosion de dynamite. N'ayant pas d'argent pour payer les soins, celui-ci céda une part de sa mine au toubib qui, en un mois, trouva pour 300 000 kiats de pierres… Depuis, le Dr Saw est passionné, tant par la collection que par le commerce. Du coup, il soigne toujours les mineurs mais ne les fait plus payer. Il exploite le rubis, l'or, le diamant. Et il s'est taillé une solide réputation de négociateur dans tout le pays. Un homme précieux grâce auquel, dans quelques jours, je pourrai enfin réaliser un rêve de gosse…

Ci-dessous :
La brume du matin se lève sur le temple de Shwedagon.

Je ne suis pas fâché de quitter ce restaurant sordide. Je n'ai pas bu la potion peu ragoûtante du patron, mais j'en ai quand même dans la bouche comme un arrière-goût. Une petite promenade me fera du bien. Je pars du côté de la Shwedagon, la plus sainte des pagodes birmanes, au sommet du mont Singuttara. Tout n'est ici que beauté et sérénité. L'or illumine tout, adoucit tout. Les innombrables flèches des stupas s'élancent, flamboyantes, comme si le soleil avait planté ses rayons sur la terre. J'ai visité à maintes reprises la capitale du Myanmar, l'ancienne Rangoon, j'ai arpenté mille fois les abords de la Shwedagon, mais aujourd'hui encore je ressens la même émotion devant ce merveilleux temple érigé en 588 av. J.-C., au temps de Bouddha dont il abriterait huit cheveux. L'atmosphère paisible qui baigne depuis des siècles ce monument me touche. La dévotion des Birmans aussi. Tous convergent vers ce lieu saint. Ils viennent de partout. Le sanctuaire grouille de visages burinés, de crânes rasés, de mains jointes devant tant et tant de bouddhas de bois, de bronze, de pierre ou de marbre - et recouverts d'or -, mais le flot est calme et reposant. Malgré la rumeur ininterrompue de gongs consacrés.

Alors que, l'espace d'un instant, je me perds dans les mots si justes de Kessel – « cet ensemble fantastique de coupoles étranges, de voûtes torturées et d'aiguilles géantes qui, toutes, étaient recouvertes de feuilles d'or fin. Extraordinaire cité de la foi la plus antique et la plus gracieuse. Enceinte merveilleuse ouverte à chacun... » -, un étrange personnage me soustrait à mes pensées. C'est un petit homme avec de grosses lunettes. Il est moine depuis peu et m'explique qu'il vient de prendre sa retraite dans un monastère où il se consacre à l'éducation des jeunes. Auparavant, il travaillait dans la police judiciaire et s'occupait des empreintes digitales...

Le jour commence à tomber. Le safran des robes, le cuivre des visages, l'or des édifices, la flamme des bougies se fondent en un fabuleux ensemble mordoré. Sous mes pieds nus, je sens la chaleur du marbre. Je suis hors du temps. Les volutes d'encens ajoutent encore un peu au côté féerique. Les gens se promènent, les amoureux se rencontrent, les bonzes prient, les jeunes s'agenouillent. Je ne sais plus très bien où je me trouve. Je lève les yeux vers le ciel sur lequel se détache le gigantesque dôme d'or : à son sommet resplendissent 5 448 diamants, dont l'un pèse 76 carats ; ainsi que 2 377 rubis...

Shwedagon, le grand temple bouddhique de Rangoon, la capitale de la Birmanie, accueille chaque jour des milliers de fidèles qui viennent y prier.

C'est en quête de ces précieuses gemmes que je suis venu jusqu'en Birmanie, le pays du rubis. La légende raconte qu'au temps où les rois birmans étaient des demi-dieux et bien avant que Bouddha ne vienne visiter la terre, les vallées du nord du pays étaient dépourvues de présence humaine. Seuls régnaient les bêtes sauvages et les oiseaux de proie. Un jour, un aigle immense, le plus grand et le plus âgé de la création, s'envola au-dessus d'une vallée à la recherche de nourriture. Soudain il aperçut, sur le versant d'une colline, un énorme morceau de viande fraîche qui brillait d'un rouge éclatant. Jamais l'aigle n'avait vu couleur plus vive et plus pure. Il fondit sur le quartier de chair mais ne parvint pas à s'en saisir. Il renouvela ses efforts. En vain. Ses serres acérées et impitoyables n'arrivaient pas à arracher ce repas tant désiré. Après plusieurs tentatives, il comprit. Le morceau de chair était une pierre sacrée et miraculeuse, faite du feu et du sang de la terre elle-même. Le vieux rapace prit respectueusement la pierre avec lui et l'emporta au sommet de la plus haute montagne. La pierre était le premier rubis du monde, et la vallée était celle de Mogok...

Ci-dessus :
Petit bouddha taillé dans une
gemme précieuse (saphir).

Ci-dessus :
Rubis en « taille ovale ».

Ci-contre :
Rubis brut.

Page de droite :
On extrait les rubis dans
des galeries creusées
à plusieurs centaines
de mètres de profondeur.

« Alors, bien dormi ? », me lance le docteur en faisant irruption dans la salle à manger de l'hôtel.

« Oui, la nuit a été réparatrice ». Je lui réponds tout en continuant de dévorer mon petit-déjeuner que je sais être le dernier digne de ce nom avant bien longtemps. À vrai dire, je ne l'attendais pas si tôt. « On décolle plus tôt que prévu ? ». « Non, mais avant de partir pour Pagan, on va passer à l'Emporium. Il y a une vente importante de rubis actuellement ».

La visite n'était pas prévue, mais elle me ravit. Je sais que le lieu est fermé, cadenassé même. L'idée d'y pénétrer m'enchante. Nous nous mettons en route. M'apparaît alors un détail qui m'avait échappé hier : mon ami boîte sensiblement. Je l'interroge. Il m'avoue qu'en fait, il sort à peine de convalescence. Ses talents de négociateur n'étant plus à démontrer, on avait sollicité son aide pour la réalisation d'un projet prévoyant la construction d'une autoroute entre Bangkok et Rangoon. Il était donc parti dans le sud du pays. Mais les Karens, qui pourtant le connaissent bien, ne l'ont pas reconnu. Ils lui ont tiré dessus et une balle l'a atteint près du talon. Après maintes tergiversations, il accepte de me montrer sa jambe. Elle est gonflée. Quand on appuie, la chair reste enfoncée. Il commence à présenter le « syndrome du godet » et je n'aime pas ça du tout. C'est très mauvais signe. Et surtout, ces problèmes circulatoires sont souvent annonciateurs de gangrène. Il est médecin et ne peut pas l'ignorer, mais je lui fais tout de même part de mes craintes. « Écoute, tu sais que j'ai toujours une trousse importante avec moi quand je voyage. Je vais te donner des médicaments ». « Non, non, ne t'inquiète pas, me répond-il, j'ai des feuilles d'arbres et de l'argile ». Je ne veux pas mettre en doute l'efficacité de ces emplâtres, mais je préférerais qu'il utilise mes produits « chimiques ». Pourtant, je le constaterai dans une semaine, sa médecine traditionnelle se sera révélée efficace...

Ci-dessus :
Le temple de Shwedagon.

Ci-dessous :
Les pierres (saphirs) sont fixées par de la cire au bout de ces morceaux de bois pour être taillées.

Ci-dessus :
Cristal de rubis.

Armée omniprésente, fils de fer barbelés, l'espèce de bâtiment art-déco tout droit sorti du modernisme des années soixante est placé sous haute surveillance. Des Mercedes entrent au compte-goutte. On ouvre les sacs, un à un. On fouille avec minutie. J'ai du mal à croire que nous sommes en train de franchir le dernier obstacle, le portique. Ça y est, nous sommes à l'intérieur de la caverne d'Ali Baba. La vision est hallucinante. Tout autour de nous, des marchands avec des tas de jades verts venus du nord de la Birmanie. Devant nous, un impressionnant escalier en bois de teck surmonté d'une immense fresque représentant les rois birmans, les gens qui cherchent dans les mines. Incroyable ! Nous empruntons l'escalier. Du premier étage, nous surplombons désormais la salle des enchères. Dans les vitrines, on peut admirer les rubis, jades, perles et saphirs que seuls les chanceux qui ont été invités pourront convoiter. Les acheteurs sont assis autour de modestes tables de bois. Ils sont essentiellement birmans et thaïlandais, chinois parfois. Le docteur précise : « C'est ici que, deux fois par an, sont vendus les plus gros rubis de la production officielle. Il y a la vente organisée par le gouvernement et celle effectuée par les militaires ». « De toute façon, comme le gouvernement est tenu par les militaires, ça revient au même, non ? » Mon interlocuteur ne répond pas. Il ajoute simplement : « Il y a quelques années, un rubis "sang de pigeon" de 52 carats, d'une qualité exceptionnelle, s'est vendu ici 6 millions de dollars à un Chinois ». « D'où viennent les pierres ? ». « Directement des mines qui appartiennent au gouvernement ou aux militaires ».

Ci-dessus :
Dans la rue, les marchands ne proposent pas toujours des pierres de bonne qualité.

Ci-dessus :
Les salles de l'Emporium sont décorées de fresques qui racontent l'histoire de la Birmanie et de ses pierres précieuses.

« Et les gens qui ont des mines en "joint venture" soit avec les militaires, soit avec le gouvernement, ils peuvent également vendre leurs pierres ici ? ». « Oui, mais ils doivent payer des taxes. C'est pourquoi environ 90 % de la production, pfttt… » Le geste explicite de la main achèvera la phrase du docteur. Nous filons, nous aussi, tandis que des liasses de dollars circulent ; à l'Emporium, les affaires ne se traitent plus en kyats !

Pagan, la ville
aux 13000 pagodes

La route des rubis passe par Pagan, à 682 km de Rangoon. Un vieux Dakota va nous conduire en Haute-Birmanie. Après plusieurs heures de vol, j'aperçois au travers de mon hublot la fameuse plaine aux mille pagodes, sur les bords de l'Ayeyarwady. Des mamelons bistres, effilés, égaient les touffes crépues d'arbustes verts et hérissent la terre rouge qui défile sous nos pieds. Si la Birmanie est tout entière vouée à Bouddha, Pagan en est la plus illustre expression. Une prophétie de Bouddha lui-même lève d'ailleurs le voile sur sa fondation. Après son « Illumination », le prince Siddharta Gautama effectua un grand voyage qui le mena sur le site de Pagan. À son cousin et disciple Shin Ananda, qui lui demandait la raison du sourire qu'il esquissait, Bouddha répondit : « 651 ans après mon parinirvana, un grand royaume verra le jour en cet endroit ». De fait, entre 1057 et 1287, on construisit sur un territoire de quelque 26 km² pas moins de 13 000 pagodes, stupas et autres temples dans la capitale du premier Empire birman. Sept siècles plus tard, une violente crue emporta un tiers de l'ancienne cité royale. 2 217 monuments sont heureusement restés debout. Mais une autre menace vint mettre en périls plusieurs de ces chefs-d'œuvre : le 8 juillet 1975, un séisme de magnitude 6 sur l'échelle de Richter éventra certains colosses de briques. L'intervention de l'Unesco fut efficace. Après cinq ans de restauration, une quarantaine de temples ont retrouvé leur place au sein de ce site du patrimoine mondial.

Je m'extirpe péniblement de la carlingue. Les heures de voyage m'ont littéralement broyé. Direction, le Pagan Hôtel. Je m'attable au buffet. Le docteur m'accompagne, silencieux. Il faut dire que l'endroit est magique. On dîne dans le jardin de l'établissement, au bord du fleuve, au milieu des ruines, au pied d'un temple monumental... Nous ne pouvons malheureusement pas nous attarder ; exténués, nous partons nous coucher.

Si le soleil couchant embrase les ocres de Pagan, l'aube, avec la brume qui monte de l'Ayeyarwadi et envahit les lieux, confère un caractère mystérieux à la plaine que je ne manquerais pour rien au monde.

« Tu viens avec moi, docteur ? ». « Non, je préfère rester ici. Je veux m'assurer que Thein nous attendra bien demain à Mandalay, avec la voiture ». « OK, je vais faire un tour tout seul alors ». « Vas-y, mais regarde bien où tu mets les pieds, tu pourrais trouver des rubis par terre ». Je rigole et pars en haussant les épaules. Je sais bien qu'on ne trouve pas de pierres dans ce sol-là...

Ci-contre :
Les Birmans sont très fiers de cette pierre qu'ils nomment « émeraude de Mogok » en raison de sa couleur (péridot).

Ci-dessous :
Les femmes birmanes apprécient ces énormes cigares de confection artisanale.

Une vieille mamie, accroupie au bord du chemin, me fixe de ses petits yeux vifs qui percent un visage tout fripé. Dans ses doigts sans âge, elle tient un énorme cheroot, une sorte de cigare. Je me demande comment sa bouche si fine peut fumer un tel barreau de chaise. Elle me le tend, non pour me l'offrir mais parce qu'il s'est éteint. Elle se doute bien que dans mes poches d'étranger est enfoui un briquet. Je le sors et la conversation s'engage entre nous. Comme je n'ai pas l'allure des touristes habituels, elle reconnaît tout de suite en moi un amoureux de pierres précieuses : « Vous venez cherchez des rubis ? ». « Oh non, je sais bien qu'il n'y a pas de gisement à Pagan ». « Non, mais il y a toutes les pagodes ». Tout en rallumant son cigare, elle m'explique : « Depuis des siècles, on construit, ça s'écroule, on reconstruit. Alors parfois, quand des petits temples s'effondrent, on retrouve les offrandes qui étaient en dessous. Quelquefois, dans le lot, il y a des rubis... »

Ci-dessus :
On trouve rubis et spinelles, deux pierres rouges, dans les mêmes gisements primaires ; il est parfois très difficile de les distinguer les uns des autres à l'œil nu.

Double page suivante :
Pagodes à Pagan.

Les vrais faux
« french diamonds »

Je ne mets guère de temps à vérifier les propos de ma petite grand-mère. Non loin de nous, un attroupement offre un spectacle désormais courant dans la plus touristique des villes birmanes. Des gamins sont en train de proposer à des étrangers médusés des bouts de caillou rouge vif. Je perçois suffisamment de bribes de la conversation pour comprendre que ces Européens viennent de se faire rouler. Ils pensent avoir acquis de beaux rubis, mais sont devenus propriétaires de vrais faux que l'on appelle ici « french diamonds », des rubis synthétiques élaborés selon le procédé Verneuil et fabriqués… en France. Au siècle dernier, M. Verneuil inventa une méthode industrielle qui tient de l'alchimie.

Ci-dessus :
Sur la route de Mogok, la rencontre d'un étranger fait rire ces enfants…

À partir d'une poudre blanche d'alun enrichie en oxyde de chrome - qui va donner la couleur rouge -, on obtient, après calcination, de l'oxyde d'aluminium, matière première du rubis. Cette alumine est tamisée et stockée. On prépare par ailleurs un germe de rubis que l'on met dans un four où l'apport d'hydrogène et d'oxygène crée une flamme, élevant la température à 2 050 °C. Par un dispositif en entonnoir, un petit marteau fait tomber la poudre d'alumine dans la flamme qui la fond. Le plus important est de maintenir la température constante, car une différence d'un seul malheureux degré modifierait la cristallisation. La poudre blanche fondue tombe sur le germe et amorce la fameuse cristallisation. L'alchimie commence. Seize heures plus tard, on obtient la réplique synthétique de ce que la nature met des millions d'années à engendrer : des rubis. En principe, ces fausses pierres sont destinées à la bijouterie fantaisie, à l'horlogerie, au laser bas de gamme, aux instruments de mesure de précision, etc. Deux tonnes de rubis sortent chaque année de cette usine, unique en France. Et me voici en train de croiser leur route au beau milieu de Pagan…

Ci-dessus :
Pendentif de style birman
en rubis.

Ci-contre :
L'auteur dans un temple
de Pagan.

Je n'ai pas fini de contempler l'arnaque en direct que deux jeunes s'avancent vers moi. Ils m'abordent, très sérieux. Puis, discrètement, d'un air entendu, me font signe de les suivre. Ils m'emmènent à l'abri des regards indiscrets, loin des sentiers battus des affaires douteuses. Comme pour mieux endormir ma vigilance. J'imite leur sérieux et leur emboîte le pas. Nous nous arrêtons à l'entrée d'une pagode, sorte de bâtisse de briques. À l'intérieur, trois petits bouts de chou se recueillent, à genoux, leurs mains minuscules jointes dans un geste de piété émouvant. Nous attendons silencieusement qu'ils aient achevé leur prière et s'en aillent.

Ci-contre :
Lot de spinelles rouges.

Ci-dessous :
Enfants à Pagan.

Ci-contre :
Saphirs bruts.

J'ôte alors mes chaussures et nous pénétrons à notre tour dans le temple de Manuha, célèbre pour son superbe bouddha couché, en parinirvana, et très allongé. Près de la tête de Bouddha, dans le plus grand secret, les deux gosses déposent leur trésor : deux pierres de belle taille. Avec ma lampe de poche, je fais luire les cailloux plongés dans la pénombre du sanctuaire. Seule l'oreille du sage peut entendre nos murmures. Je demande en anglais : « Sang de pigeon ? ». « Oui ». « Tu sais ce que c'est, sang de pigeon ? » Je précise, en langue birmane, « Padamya ? ». L'enfant me répète simplement « Oui, oui ». Je ne suis pas certain qu'il comprenne vraiment mes paroles. Je poursuis mon interrogatoire : « Ils viennent de Mogok ? ». « Oui, Mogok ».

Le garçon a soudain perdu son sérieux pour esquisser un sourire. À l'idée de me vendre sa camelote. Ou seulement heureux de notre négociation d'adultes. « C'est difficile, non, de trouver des pierres comme ça ? ». Pas de réponse. Je tourne les deux morceaux de rubis. Les observe. Les scrute à la lueur de ma petite torche. Ils sont d'un rouge très vif. Pour la beauté de l'échange, j'aimerais qu'ils soient vrais.

« Elles sont belles. Mais sûrement trop chères pour moi ». Mes interlocuteurs, toujours aussi sérieux, me répondent sobrement : «Oui, celles-là sont très chères ». « Combien ? ». « 500 $ ». « Effectivement, c'est très cher pour moi ». Mes deux amis sont finalement près à me laisser ces pierres de 40 carats pour 100 $. Trop belles pour être vraies, pas assez chères pour leur taille exceptionnelle, elles dupent de nombreux amateurs crédules. Sur le marché de Rangoon, des marchands qui vendent réellement de fausses pierres et qui ont pignon sur rue les cèdent pour 1 ou 2 $. Si elles étaient vraies, elles en coûteraient 6 millions... Mes compagnons remballent leur trésor.

Nous quittons Manuha. Dehors, le ciel est de plomb. Seul un dernier rayon parvient à se frayer un chemin au milieu des nuages. Le jour décline, m'offrant gratuitement un coucher de soleil envoûtant sur les mille joyaux de Pagan. À l'hôtel, je retrouve mon contact. Les emplâtres qu'il s'applique régulièrement sur la jambe ont fait effet. Il ne boîte plus. Une chance car le voyage va se corser. Demain, nous partirons pour Mandalay, ultime étape avant Mogok.

Ci-dessous :
Fresque de l'Emporium,
à Rangoon.

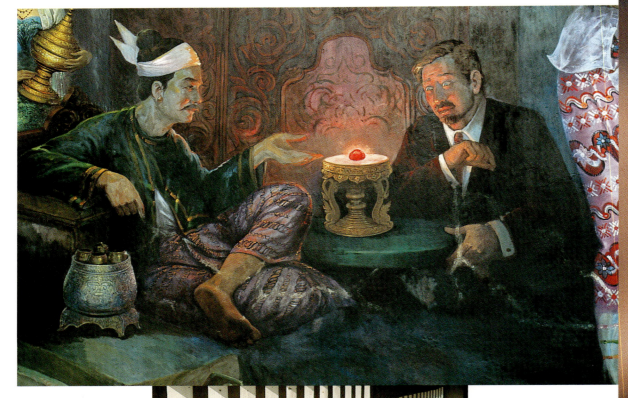

Double page
suivante:
Statues du Bouddha
dominant la vallée
de Mogok.

Ci-contre :
Des petits moines
rapportent la nourriture
qu'ils ont mendiée
auprès des villageois.

Page de droite :
Cristal de rubis brut.

Malgré les secousses de l'avion, je me suis assoupi et n'ai rien vu de notre arrivée matinale dans la dernière capitale royale de Birmanie. La cité du roi Mindon, à 720 km de Rangoon, fondée en 1857, est le plus grand centre de transit de tout ce qui est flotté depuis la Haute-Birmanie. Cela ne nous empêche nullement de débarquer dans un hôtel pourri avec des vitres teintées qui me donnent l'impression qu'il fait nuit en plein jour.

Le cliquetis des marteaux résonne dans toute la rue. Ce n'est plus un bruit, c'est un langage. Celui des sculpteurs de bouddhas. À perte de vue, au milieu d'un nuage blanchâtre, ils donnent forme à des énormes blocs de marbre blanc. La pierre vient de la région de Mogok. Entre Mandalay et Mogok, des montagnes entières fournissent ce précieux matériau qui sert également d'écrin aux rubis. Toute la journée, les artisans jouent du burin et du maillet de bois, sous le regard encore émerveillé de petits moinillons. Des pépites de marbre volent un peu partout tandis que trois gars, casquette vissée sur la tête, escaladent un bouddha qui va faire 10 mètres de haut. Cette vulgaire rue en terre battue, sale comme au Moyen Âge, est un gigantesque atelier d'art. Et un terrain de jeux pour les enfants qui, à moitié nus derrière leurs petits bouts de tissus en guise de caleçons, tapent frénétiquement dans des ballons tressés en osier.

Page de gauche et ci-dessous :
Sculpteurs de bouddhas en
marbre blanc à Mandalay.

Ci-dessus :
L'auteur dans les rues de
Mandalay.

C'est devant un bol de nouilles chinoises que je fais la connaissance de Thien. Large visage impénétrable, sourire énigmatique, carrure de rugbyman, on lui confierait plus volontiers le rôle du méchant dans James Bond que celui de l'agent 007. Normal, il n'est pas seulement le chauffeur, mais aussi le garde du corps du docteur. Plutôt dissuasif, mais très gentil. Il est très tôt lorsque nous nous élançons. Rallier Mogok n'est pas une mince affaire. Il faut compter pas moins de sept heures de pistes sinueuses, boueuses et chaotiques avant de mériter l'accès à la fabuleuse cité. Mon nouvel ami a réussi à replier ses 2,20 mètres et à les faire tenir dans notre Toyota... Nous avalons les kilomètres, traversons les villages et rencontrons vite le premier obstacle imprévisible : un attroupement de gens qui se dirigent apparemment tous vers le même endroit, et ralentissent notre progression. « Qu'est-ce qui se passe, docteur ? ». « Rien. Un de ces meetings politiques auxquels la population est obligée de se rendre. On ne rigole pas avec ça ».

Ci-dessus :
Lapidaires à Mogok.

Nous attendons donc patiemment que le flot se disperse. J'en profite pour poser mille questions. Depuis longtemps, je suis intrigué par les graines de djoé, pas plus grosses que des grains de riz, oranges et avec un point noir, que l'on utilisait pour peser les pierres. J'aimerais bien voir l'arbre qui fournit ces baies et en rapporter. « On peut s'arrêter dans le prochain village si tu veux, je connais un endroit où l'on t'en montrera ». Nous abandonnons quelques instants notre 4x4 et partons rendre visite à Môn, un ami du docteur. L'homme est ravi de nous voir. Lapidaire de son état, il est amusé par ma curiosité concernant les fameuses petites graines et se fait un plaisir de m'en procurer après m'avoir montré, derrière sa maison, leur arbre producteur. Je range consciencieusement son cadeau dans ma poche quand surgit l'un de ses employés. Le Birman nous sourit de ses yeux bridés. Je suis époustouflé. À la main, il tient un bouquet de fleurs merveilleuses. Les tiges sont faites de bâtons de bambou et à leur extrémité, collés avec de la cire, scintillent des cabochons qu'il vient de tailler : saphirs bleus, rubis rouges, saphirs blancs étoilés. C'est fabuleux !

Devant mon intérêt, notre hôte nous conduit dans la pièce mitoyenne. Là, une dizaine de personnes, jeunes et moins jeunes, s'activent. Des doigts noueux et des mains agiles répètent les mêmes gestes précis, depuis la nuit des temps. Avec une sorte de lampe pigeon, ils font chauffer la cire, collent la pierre dessus, fixent les bâtonnets de bambou sur un manche en bois. Avec leurs pieds, ils font tourner des meules posées à plat. Ils se partagent à deux ou trois la roue pleine qui va donner forme aux pierres. De petits bruits stridents accompagnent l'ouvrage. Quelques heures suffiront pour la taille en cabochon. Pour celle en facettes, il faudra compter plus de temps. De leur côté, les joailliers martèlent, scient, laminent les écrins qui vont recevoir leur morceau de lumière. Je me penche vers le docteur : « J'étais persuadé que les pierres étaient taillées dans les pays où elles étaient vendues brutes ». Il précise : « Les pierres de très grande qualité sont effectivement taillées à l'étranger ou à Rangoon ». Notre hôte renchérit, un peu vexé par ma remarque : « Les étrangers ne sont pas les seuls à aimer les belles choses. Nos femmes sont très coquettes ». Il a raison, il ne faudrait pas oublier que les Birmans achètent beaucoup de bijoux. Ils portent pratiquement toute leur fortune sur eux, en colliers, bagues ou boucles d'oreilles.

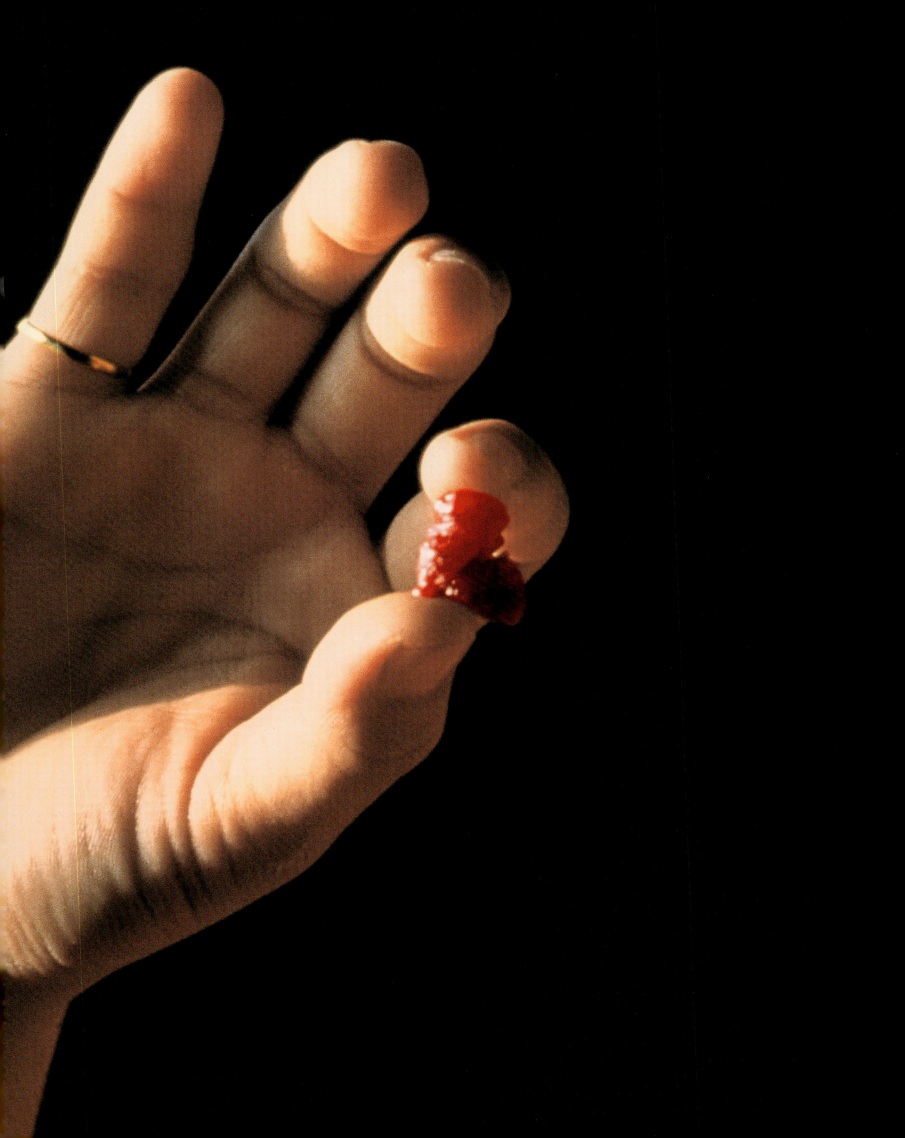

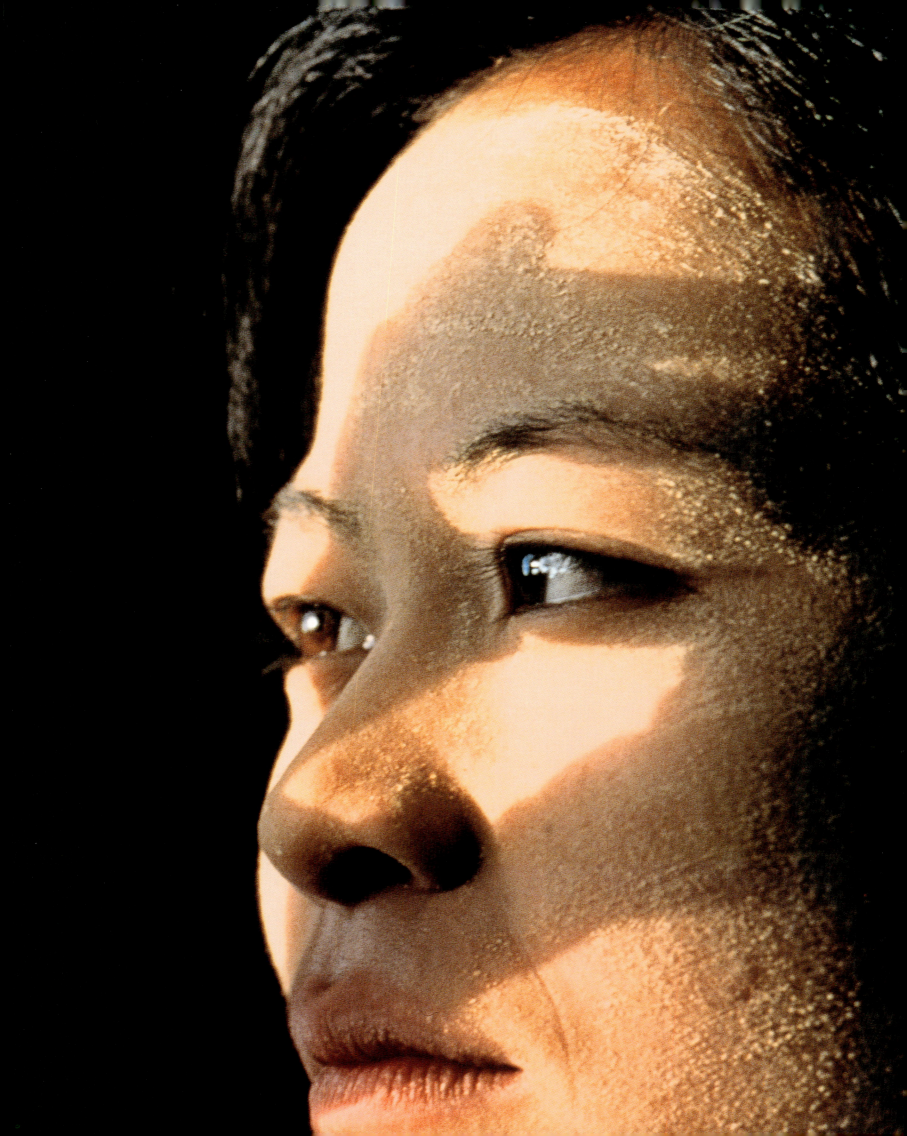

Des manipulations
qui portent malheur...

« Tu aimes les belles pierres et les jolies couleurs, me lance Môn, suis-moi ! ». 500 mètres plus loin, une tractation s'engage avec un voisin. Môn m'annonce alors fièrement : « Il va te montrer comment rendre la pierre plus rouge ». Notre alchimiste utilise une méthode venue de Thaïlande, comme la poudre mystérieuse qu'il ajoute à la pierre dans un petit creuset et dont il taira le nom. Il scelle la boîte magique avec de la terre et dépose l'ensemble dans un petit brasero allumé au milieu de la pièce. J'ai le droit de regarder mais pas celui de poser des questions. Au bout de quelques minutes, Môn va chercher son précieux mélange avec des pinces. Il descelle la boîte et récupère les pierres. Aucun doute, la poudre a modifié la couleur : avant l'intervention, le rouge s'apparentait au rose chaud surnommé « préféré des Britanniques » ; maintenant,

on a un « sang de lapin », un peu plus foncé que le « sang de pigeon ». En réalité, je comprends que le « chauffage » a permis au produit de remplir les inclusions. Ce procédé, certes efficace, me paraît moins durable dans le temps que celui utilisé au Sri Lanka où les très fortes températures se contentent d'aider à terminer la genèse de la pierre.

« On chauffe souvent les pierres ici ? ». « Ça dépend, répond Môn. Mais on a intérêt à chauffer les moins bonnes couleurs, comme la qualité « un Indien en pleurs », très sombre, ou le rose léger appelé « qualité bracelet ». Ainsi, on peut multiplier par dix le prix d'une pierre ». Saw me glisse à l'oreille : « À Mogok, les mineurs ne traitent pas les pierres. Ils sont superstitieux et pensent que ces manipulations portent malheur à leur mine et à leur famille ».

*Ci-contre et ci-dessous :
À Mogok, seuls les marchands chauffent les pierres avec des additifs pour embellir et modifier les couleurs. Les mineurs pensent, eux, que cette manipulation porte malheur.*

Un vacarme soudain nous précipite à l'extérieur. Sur la route surgit un cortège impressionnant. Une vingtaine d'éléphants harnachés défilent, menés par de bien étranges kornaks : de jeunes garçons, entre 9 et 11 ans, habillés en Bouddha avant l'Illumination. Devant eux, dans de superbes robes, des femmes portent les boîtes à offrandes. « C'est une cérémonie de noviciat. Toute la journée, les enfants vont être promenés dans la ville. Puis ils seront conduits au Temple où ils vont abandonner les habits du Prince Siddharta Gautama - symbole de renoncement aux biens terrestres - et revêtir la robe de moine, et donc adopter les règles monastiques ». « Mais ils vont rester dans le monastère ? ». « Oui, une semaine. Plus, s'ils le désirent. Mais chaque Birman, pour être vraiment bouddhiste, doit effectuer cette initiation rituelle ».
Aujourd'hui, nous n'assisterons pas au moment poignant où le bonze se penche sur les enfants et leur rase la tête, arrachant quelques larmes aux mamans qui récupèrent les cheveux dans des draps. Les couleurs chatoyantes ne nous font pas oublier que la route est encore longue jusqu'à Mogok. Nous remontons en voiture, délaissant les biens mystiques, pour repartir en quête de ces biens terrestres si précieux...

Ci-dessus :
Signe de grande richesse, pendant la cérémonie du noviciat, certains enfants sont portés à dos d'éléphant.

Ci-contre :
Avant d'entrer au temple, les enfants sont habillés en rois et promenés dans la ville.

En page de gauche :
Lavage du « bayon »,
la terre alluvionnaire
riche en gemmes.

Ci-dessus :
Enfant cherchant « en Kanasé », une
tradition qui permet aux femmes et
aux enfants de garder les pierres
qu'ils trouvent sans payer le
propriétaire du lieu.

Ci-dessus :
Il y a trois ans, à cet
emplacement, se trouvait
un village...

Un trou béant. Un deuxième, puis un autre, et un autre encore. Nous sommes aux portes de Mogok, dans la vallée de Tchaïpin, meurtrie par de multiples puits de mine. Sur les montagnes environnantes, une constellation de pagodes. En contrebas, je distingue de minuscules points qui s'agitent autour d'une sorte de voie ferrée sans train, un énorme tamis qui retient de grosses pierres et laisse couler une eau boueuse chargée de promesses. D'autres petites taches noires attaquent la terre alluvionnaire à coup de jets puissants. L'espèce de bouillon descend dans une sorte de mare. Le tout est pompé et remonté sur les gros tamis. Les minuscules points ne grossissent pas. Je voudrais pourtant me rapprocher. Je sens la fièvre du rubis s'emparer de moi. Mais pourquoi n'avance-t-on pas ? Fasciné par la scène qui se déroule au fond de la vallée, je ne me suis même pas rendu compte que nous sommes à l'arrêt,

moteur coupé. Un imposant barrage militaire obstrue le paysage. N'entre pas qui veut dans ce « Ruby's Land ». J'en sais quelque chose. Il y a douze ans, la junte birmane n'a eu aucune pitié : elle m'a rejeté faute d'un maudit bout de papier tamponné. Cette fois, l'ambassade du Myanmar à Paris m'a accordé toutes les autorisations. Les différents ministères birmans également. J'éprouve cependant une certaine crainte. Et si les militaires au visage insondable qui épluchent nos papiers ne nous laissaient pas passer ? Le docteur descend, discute avec les policiers. Pour plaider ma cause ? Non. Parce qu'il connaît tout le monde ici, et que tout le monde le connaît. Nous passons donc le premier barrage sans encombre. Tout comme le deuxième et le troisième. Je suis en train de rêver. Je suis sur le territoire de Mogok. Enfin !

Un autre privilège m'est réservé. Inattendu celui-là : je serai accompagné, durant tout mon séjour ici, par des hommes des services secrets. Ces gardes du corps censés assurer ma sécurité veilleront surtout à ne rien perdre de mes faits et gestes... Pour l'heure, je ne me soucie guère de ce comité d'accueil. Je suis dans la vallée des rubis et je suis comblé.

« Alors, tu trouves quelque chose ? » Saw vient de héler un vieil ami à lui. Thien, le docteur et moi, descendons. Une dernière visite avant que la nuit ne tombe complètement. Comme chaque soir, les ouvriers ont coupé l'eau et trient ce qu'ils ont pompé dans les tamis. Les plaques de bois et les barres de métal ont fait leur office : elles ont filtré ce « gîte » de rubis. Souvent, les pierres sont belles. Parfois, elles sont précieuses. Toujours, elles sont triées sous haute surveillance. Plus encore dans les mines d'État, entourées de barbelés et où de nombreuses paires d'yeux surveillent les voleurs éventuels. « Tenez, c'est pour vous ». L'ami du docteur m'offre une pierre qu'un de ses ouvriers vient de trouver. C'est un énorme cristal de saphir blanc. Pour lui, il n'a aucun intérêt. Pour moi... Après une heure de voiture, nous arrivons enfin à « Mogok City ». Il était temps. Il fait nuit noire. La maison du docteur, dans le centre de la ville, est notre refuge. Simple, rustique mais chaleureux. Sa femme, très joviale avec son visage de chérubin joufflu, son fils et ses deux filles nous accueillent. Les grands-mères œuvrent pour nous préparer un repas dans une énorme soupière. Nous y faisons honneur.

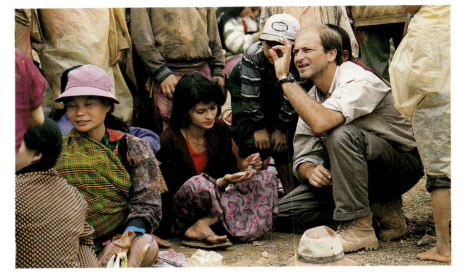

Ci-dessous :
Exploitation minière dans la vallée de Tchaïpin.

En haut :
Les femmes vendent les pierres qu'elles ont trouvées « en Kanasé ».

Ci-contre :
Rubis bruts.

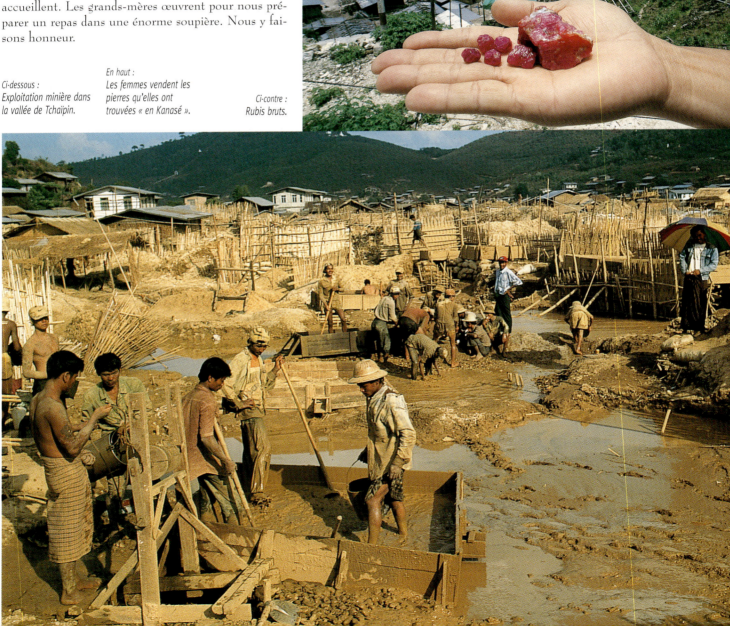

Un commerce dirigé
par les femmes

Je voulais profiter de l'aube naissante pour flâner dans les rues de Mogok. Ce matin, je n'ai pas attendu mon ami le docteur. Je préfère le laisser avec sa famille qui n'a pas vu, depuis longtemps, cet incorrigible aventurier. Le jour point à peine et déjà, des ballets parallèles et bien distincts animent ce coin reculé de Birmanie. Drapés dans leurs robes safran, avançant en file indienne, les moines bouddhistes mendient leur nourriture quotidienne. Les villageois la leur déposent dans l'énorme sébile de terre cuite que chaque bonze enserre de ses mains. Non loin de là, c'est avec de larges tamis que des « pêcheurs de rubis » mendient quelques cailloux auprès du bayon nourricier. Dos courbé, ils plongent dans ce terreau porteur de rubis charrié par les eaux pourpres, puis retournent ce magma d'alluvions sur le sol. Ils ont les joues maculées de boue. Mais qu'importe, ils plongent encore. Frénétiquement. Parfois, j'aperçois leurs doigts experts se fixer sur de petites pierres. Ils les placent immédiatement dans leur bouche. L'un d'entre eux viendra me tirer la langue... : il cherche à me les vendre. Mais cette fois, nous ne ferons pas l'affaire. Ce que ce Birman a pris pour un rubis n'est qu'un vulgaire morceau de verre tombé d'une décoration de pagode...

Il est neuf heures. Des parapluies éclosent dans le ciel de Mogok. Les rayons du soleil sont déjà chauds. Mais encore suffisamment doux pour fournir la lumière propice à révéler les reflets de la pierre. Sous les chapeaux, de beaux visages de femmes birmanes. Sur les joues et le front, une sorte de sable : le thanaka, une pâte provenant d'une écorce d'arbre qu'elles s'appliquent tant pour se protéger que pour se maquiller.

Ci-dessus :
Les courtiers apportent des pierres chez le Dr Saw. Leur rôle : les vendre, mais aussi obtenir des renseignements sur les pierres de valeur récemment découvertes.

En haut et en bas :
Le marché aux rubis se déroule le matin ou le soir, lorsque la lumière est légèrement rose, et avive la couleur rouge du rubis.

J'assiste au premier marché, celui du matin. Autour de moi, il n'y a que des femmes, de petits plateaux de cuivre entre les mains. Je comprends alors qu'elles proposent les pierres récoltées en « Kanasé ». Cette tradition, jadis autorisée par les rois birmans de la région, permet aux femmes et aux enfants de prospecter librement les rejets d'eaux boueuses des mines à ciel ouvert sans devoir payer de tribut ni au propriétaire de la concession, ni au gouvernement. Le commerce de pierres - saphirs le matin, rubis l'après-midi en raison de l'intensité lumineuse - va donc bon train. D'autant que, étrangement, dans ce pays, les femmes semblent le diriger.

103

Plus qu'une impression, ceci est une réalité. Le manège qui est en train de s'opérer chez le docteur m'en apporte la preuve. Lorsque j'arrive chez mon hôte, le rez-de-chaussée, réservé à la cuisine, connaît son agitation habituelle. Au premier étage, où se trouvent sa chambre, son bureau et son salon, des rideaux en guise de portes masquent à peine des gens qui attendent : ils viennent vendre leur précieuse marchandise au docteur. Mais c'est sa femme qui les a contactés.

Ci-dessus :
La ville de Mogok est
construite au bord d'un
lac artificiel.

Ci-contre :
Spinelles rouges sur
un billet birman
servant de « pli ».

Le va-et-vient ne s'arrêtera pas de la journée. Et le cérémonial est toujours le même. Le docteur et moi sommes assis, en tailleur, autour d'une table. Les uns après les autres, les Birmans entrent, introduits par sa femme. Ils ouvrent leurs plis, petits morceaux de papier, et en sortent les pierres qu'ils placent dans une petite soucoupe. Le docteur prend délicatement une première pierre entre ses doigts. Il la tourne, la retourne, la porte à son œil averti, l'examine au travers d'une loupe. Puis la dépose devant lui quand c'est un rubis, et sur le côté lorsqu'il s'agit d'un spinelle. À mon tour, je saisis ces bouts de rêve et les observe minutieusement. Au grand étonnement de mon ami. « Dans une autre vie, me lance-t-il tout à coup, tu as dû être marchand à Mogok ». Certains passent leurs journées à égrener les heures ou les minutes, nous, nous égrenons les gemmes. Jusqu'au crépuscule. « Viens, nous pouvons y aller maintenant, ce sera plus discret ». « Mais aller où ? ». « Chez le roi de Mogok ».

Avec mille précautions, nous avançons dans les ruelles sombres de la ville. « Tu te rappelles, me chuchote Saw, dans le livre de Kessel, on parle du dacoït qui cachait ses bijoux dans les murs. Eh bien, tu vas rencontrer sa réplique parfaite. Ici, les gens disent que Yaw Sett cache des pierres dans les murs de sa maison ».

Ci-contre :
Cristaux octaédriques de
spinelles rouges,
longtemps appelés
« rubis à balai ».

Les dragons de Mogok

« Autour des mines de Mogok, les gens racontent de nombreux récits de dragons et de fantômes qui, un jour, auraient trouvé refuge sous terre. Au cours de leurs fouilles, les mineurs découvrent souvent des fossiles, des dents d'éléphant, de cerf, ou d'autres dents appartenant à des animaux aujourd'hui disparus. Pour la population locale, ces fossiles sont des « naga ajo », ou dents de dragon. Un mineur qui trouve un fossile apportera sa découverte comme une offrande religieuse au monastère bouddhiste le plus proche, et la placera devant une image. Dans certains cas, les dents fossiles de grande taille, comme les molaires d'éléphant, sont vénérées comme des dents de Bouddha, mais les moines n'approuvent pas ces pratiques. Ces cultes magiques viennent probablement de Chine où les dents de dragon continuent à jouer un rôle important dans la pharmacologie et les superstitions.
Pendant mon séjour à Mogok, les indigènes croyaient que j'étais venu pour chercher une dent de dragon d'une espèce particulière. Après une semaine sur place, le prix pour une dent fossile s'envola, à tel point qu'une molaire d'éléphant atteignait une valeur supérieure à un rubis de 5 carats ! »
(Traduction de l'anglais du texte de Hellmut de Terra, 1943, The Pleistocene of Burma)

Lors de mon voyage à Mogok, j'ai eu l'occasion de rencontrer l'un des descendants de U Hmat, « le roi des rubis ». Un soir, il m'invita dans la maison de son ancêtre, où il voulait me montrer quelque-chose d'extraordinaire. Dans une pièce faiblement éclairée par la lueur des bougies, l'homme était assis en tailleur derrière une table basse. Il me proposa de m'asseoir puis, me regardant droit dans les yeux, il me posa cette question : « Patrick, savez-vous que nos mines sont gardées par des dragons ? » Devant mon air interloqué, il continua : « En effet, il y a peu de temps, on a trouvé une dent de l'un de ces monstres dans une mine, près d'un village non loin de Mogok. De peur que la bête ne ravage leurs habitations, les habitants ont fermé l'entrée de la mine avec un gros rocher. Ici, on croit très fort encore à toutes ces légendes ». Et il saisit sous la table, comme le plus précieux de ses trésors, une énorme dent fossile. « Regarde, me dit-il, ces monstres se nourrissaient de pierres précieuses, regarde, regarde ! ». En effet, enchâssés dans la molaire se trouvent deux cristaux parfaitement octaédriques de spinelle, un minéral rouge utilisé en joaillerie et dont la composition est proche de celle de rubis.
Est-ce une supercherie ? A-t-on collé artificiellement ces pierres sur la dent ? Rien ne permet d'en être sûr. Je n'ai malheureusement pas pu acquérir cette relique : elle n'était pas à vendre…

Ci-dessous ;
Le Dr Saw (à gauche) présente à l'auteur une dent qui est à l'origine de la légende des dragons de Mogok.

Double page suivante :
Découverte d'un rubis au fond de la mine de Dat Taw. En 1997, un rubis de 48,80 carats a été trouvé dans cette galerie ; il a été vendu 1 300 000 dollars.

Un milliardaire de 27 ans

Je ne sais pas si l'homme au visage insondable qui nous reçoit dissimule ainsi des trésors, mais il nous montre des bijoux fabuleux : un saphir énorme cerclé de diamants, des rivières de rubis sang de pigeon, un rubis de 52 carats. « C'est une pierre synthétique, lance-t-il devant mon émerveillement grandissant, la réplique d'une gemme que j'ai vendue 6 millions de dollars il y a 4 ans ». Le lieu est hallucinant. Nous sommes assis sur des chaises en bois de rose taillé et admirons des bijoux sans pareil. « J'ai commencé, m'explique notre hôte, à chercher en Kanasé quand j'étais tout jeune. Puis, je me suis mis à vendre des pierres. J'ai fait de bonnes opérations et voilà... » Et voilà qu'à vingt-sept ans, il est devenu milliardaire et se trouve être l'un des plus importants vendeurs de rubis du pays. Incroyable destin, pour cet homme qui ne s'est jamais servi ni d'une loupe ni d'un appareil de gemmologie et qui sait, dès que quelqu'un entre chez lui, à quel prix il va lui acheter sa pierre.

« J'organise un repas dans mon hôtel, le Butterfly, demain. Nous ne serons pas seuls comme ce soir, car il y aura mes gardes du corps et pas mal de monde, mais pourquoi ne vous joindriez-vous pas à nous ? » « Impossible, décline poliment Saw, demain, nous partons dans les mines ». « Bon, alors venez après-demain. Vous aurez raté le déjeuner au whisky mais vous pourrez faire un golf avec moi ». « D'accord pour le golf ». Ah, le whisky ! Décidément, ce breuvage est universel. En tout cas, chaque soir, il me rend bien service. Car mes acolytes des services secrets en raffolent et je m'en suis fait des amis en leur offrant régulièrement des bouteilles. Je pense que ça les aide à rédiger leur rapport sur mon compte au poste de police. Ainsi égayés, ils sont moins pointilleux sur l'emploi du temps de mes journées...

Nous sommes partis depuis une heure quand, dans le lointain, retentissent les premières explosions de pains de dynamite. Nous approchons du but. Les mines sont très proches désormais. Je le sais. Je le sens. Mon cœur bat de plus en plus vite. Lorsque je pose le pied hors de la voiture, c'est pour fouler le sol de la concession. Pénétrer au cœur de la montagne, descendre à deux cents mètres sous terre, dans un trou très profond, n'est pas dénué de danger. Mais j'attends ce moment depuis longtemps. Le docteur me précède. Du doigt, il me montre une veine de marbre : « Les mineurs y ont découvert un rubis de 48,80 carats en 1987 ! »

Ci-contre :
Saphir birman de 45
carats entouré de
diamants.

Ci-dessus :
Les mineurs préparent la
dynamite de façon
artisanale.

Ci-contre :
Yaw Sett possède une
reproduction du rubis
qu'il a vendu 6 millions
de dollars.

L'odeur de dynamite me prend à la gorge. La ventilation est inexistante. Le nuage de poussière qui se répand rend notre progression plus pénible encore. Nous marchons ainsi des heures dans des galeries mal étayées. Les marteaux-piqueurs s'interrompent un moment. Des mains saisissent une poignée de roches concassées et l'effritent. De la bouillie, pour un œil profane. Mais l'œil du mineur se trompe rarement. Les doigts fins agitent quelques cailloux dans l'eau. Soudain, un sourire noir découvre des dents étonnamment blanches. Relayé par dix autres sourires. Entre les doigts, apparaît la pierre rouge qui fait briller les yeux les plus sombres. La pierre passe de main en main, de doigt en doigt. Puis, « l'éclat de braise translucide, le feu miraculeux de ce fragment de lumière empourprée » comme le qualifiait joliment et si justement Kessel, arrive dans les mains du docteur : « Sang de pigeon. Il fait au moins 20 carats, 1,3 million de dollars ». J'admire le rubis à mon tour. Tape dans la main de mon ami, pour le féliciter. Mais un bruit sourd et retentissant nous arrache à notre joie. À quelques mètres de nous, une galerie s'est effondrée sur un mineur. Ses camarades essaient de creuser pour le récupérer. En vain. Le sang de pigeon aura coûté, aujourd'hui, le sang d'un homme.

Jouer au golf en Birmanie, et surtout à Mogok, a quelque chose de vaguement déplacé. Mais il nous était difficile de refuser une telle offre. Sur le chemin qui nous conduit au green, souvenir du passage - et même du séjour prolongé - des Anglais dans la région, je contemple les multiples dômes dorés des pagodes qui me font penser à celle du village du docteur, perchée sur un piton rocheux. Il en était très fier : « On l'appelle Kyauk Pyat Thart. Elle est légendaire ». Un moine vit là, seul, comme un ermite. Saya Daw U Witokeda me raconte : « Ce temple est vénéré par tous. En effet, un roi indien ashoka, au IVe siècle av. J.-C., avait envoyé des missionnaires construire 84 000 pagodes et puits d'eau à travers le monde. Il y a six ans, l'ambassadeur du Népal est venu et a reconnu en elle celle qui manquait à son recensement ». Le moine nous conduit sous le sanctuaire qui, pour son plus grand malheur, est bâti sur un pic de marbre blanc très riche en rubis. Qui plus est, au milieu des mines les plus prospères de la région. Les balafres qui entaillent la roche ne laissent planer aucun doute. Malgré l'interdiction formelle, des hommes ont creusé pour arracher le rubis à la colline sacrée.

Ci-dessus :
Rivière de rubis « sang de pigeon » entourés de diamants.

Ci-dessous :
Collier de rubis « taille émeraude » reposant sur un bloc de saphir.
La plupart de ces pierres sont de couleur « sang de pigeon ».

Ci-contre :
À Mogok, Yaw Sett est une
véritable légende vivante.

Ci-dessus :
Rubis de Mogok « taille
ovale » monté sur
une bague et entouré
de diamants.

Ci-dessous :
Les saphirs birmans de Mogok subissent
rarement des traitements destinés à modifier
leur couleur ; ce sont les plus beaux après les
saphirs du Cachemire.

« Tous, commente mon ami, n'ont pas la patience, ni la foi, pour attendre qu'il leur arrive la même aubaine qu'à cette vieille dame devenue milliardaire et dont je t'ai conté l'histoire ». « Laquelle ? ». « Tu ne te souviens pas ? La grand-mère qui, un jour de fortes pluies, a vu s'ébouler un pan de falaise sur son chemin... » « Et qui s'est retrouvée avec un énorme rubis à ses pieds... Oui, ça y est, je me souviens ! »

Il n'y a pas de doute, le gazon a beau être birman, il porte la marque des Britanniques. Le roi de Mogok est visiblement heureux de nous revoir. Enfin, si je peux en juger par l'expression qui balaie furtivement son visage toujours aussi impassible. Je ne suis pas un expert en golf. Si je cours le monde à la recherche de pierres précieuses, sur le green, j'ai également tendance à courir en quête de mes balles... Je préviens notre ami, qui ne s'en émeut guère. Sans plus attendre, nous nous dirigeons vers le trou numéro 1. Ma qualité d'étranger me vaut l'honneur de commencer. Je me concentre, je drive. Ma balle s'envole et sort du terrain. Pour la première, et la dernière fois, je vois rire mon interlocuteur : « Tu sais où est tombée ta balle ?, s'amuse-t-il. Dans une des mines de l'armée. Certainement à côté d'un rubis ».

Le rubis

Il fait partie du groupe des corindons
Couleur : rouge, avec toutes les nuances possibles. Elle est due à la présence du chrome.
Dureté : 9 (il se place dans l'échelle de dureté juste après le diamant, mais il est 140 fois moins dur que lui).
Densité : 3,97 - 4,05
Système cristallin : Rhomboèdrique
Composition chimique : oxyde d'aluminium Al_2O_3
Réfringence : 1,766 - 1,774

Le rubis doit son nom à sa couleur rouge, rubeus en latin.
On a longtemps confondu d'autres gemmes rouges avec le rubis, notamment le spinelle et le grenat. Ils étaient tous les trois appelés « escarboucles ». Des pierres célèbres, comme le « Rubis du Prince noir » qui se trouve sur la couronne impériale d'Angleterre, sont en réalité des spinelles.

La couleur la plus recherchée est la teinte « sang de pigeon », un rouge franc avec une pointe de bleu. Les inclusions sont fréquentes, mais n'affectent pas forcément la qualité de la pierre, et permettent bien souvent de l'authentifier. Elles sont de natures diverses : minéraux,

canaux, liquides ; on rencontre parfois même des aiguilles de rutile, appelées « soies », qui donnent un reflet doux.

La taille en cabochon produit un effet d'astérisme. Exposée à une lumière ponctuelle, la pierre présente une superbe étoile à six branches qui semble glisser à sa surface.
Les rubis de Mogok se sont formés il y a un peu moins de 60 millions d'années. Les remontées de magma par des failles à la surface de la terre ont soumis les impuretés, riches en aluminium et oxygène, des roches calcaires à de fortes températures. Ce phénomène géologique a donné naissance aux rubis de Mogok.

Certaines pierres peuvent être confondues avec le rubis : le spinelle, le grenat, la tourmaline, la fluorite, la topaze, le zircon.
Il existe aussi, dans le registre de la supercherie, les doublets, le verre, les rubis synthétiques (plus particulièrement du procédé Verneuil, sur les lieux d'extraction, car ils sont peu onéreux).
Les rubis de mauvaise qualité peuvent subir des traitements thermiques avec ou sans adjonction de produits. La couleur et l'aspect de la pierre seront modifiés à son avantage. Ces traitements doivent être signalés lors de la vente.

Ci-dessus :
Rubis.

Ci-dessous :
Rubis et spinelles sont présentés à la vente sur des plateaux de cuivre dont la couleur rehausse le rouge des gemmes.

Page de droite :
Ce bouddha entièrement serti de miroirs domine la ville de Mogok et la protège.

À la poursuite
des DIAMANTS
en GUINÉE

Ci-dessus :
Octaèdre de diamant brut.

e quartier des diamantaires d'Anvers, en Belgique, est plutôt fermé. Il faut y montrer patte blanche, mais cela vaut le coup d'œil. Imaginez les trésors cachés derrière ses hauts murs. Ils sont aussi bien protégés que les puissants de ce monde...

Ce jour-là, j'étais donc dans la capitale du diamant. J'avais rendez-vous dans ce quartier juif qui me fascine et que je connais bien. Dans des immeubles-forteresses, les diamantaires louent des bureaux relativement modestes d'une ou deux pièces.

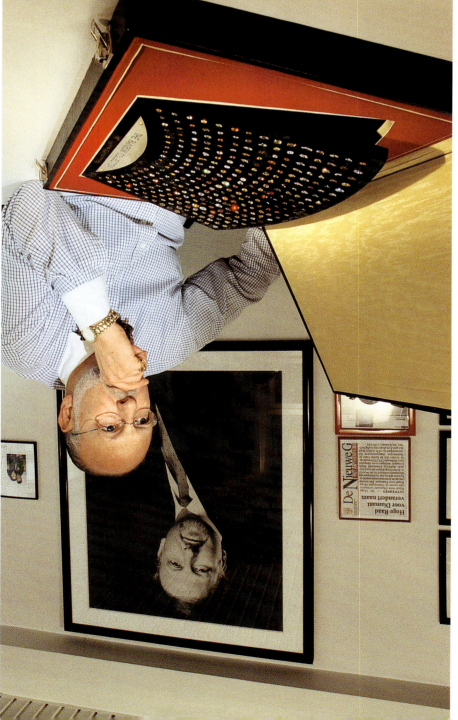

Ci-contre :
Grâce à la passion d'Eddy Elzas, les diamants de couleur sont aujourd'hui à la mode.

Double page précédente :
Fatou est l'une des propriétaires des mines de diamants de Banankoro.

Page de gauche :
L'observation à la loupe de la pierre brute est importante, car la moindre impureté fait chuter son prix.

Ci-dessus :
Cette collection de 300 diamants de couleur, dont trois rouges, est unique au monde.

Les plus importants d'entre eux choisissent toujours le côté nord, tout simplement parce que la lumière y est plus neutre et donc favorable pour étudier les pierres qu'ils achètent. Je me rends dans les locaux de Rainbow gem's, dont le propriétaire est Eddy Elzas, un homme que j'apprécie. Il possède la plus belle collection de diamants de couleur au monde, la « Rainbow collection », qui comporte en fait la Grande et la Petite collection. On y trouve en particulier trois diamants rouges : il n'y en a que onze au monde connus et réfé-rencés ; la plupart sont probablement la propriété du Sultan de Brunei.

Ci-contre :
Diamant « taille brillant ».

Mon ami Eddy a commencé sa carrière très jeune : il vendait du diamant industriel pour le compte d'un riche diamantaire ; très vite, il s'est passionné pour les diamants de couleur. Au début, on le prenait pour un fou, persuadé que ces pierres ne valaient rien. Eddy m'a raconté qu'il avait obtenu son premier diamant ro-se auprès d'un ami qui le conservait depuis longtemps négligemment dans son coffre. Il le lui avait échangé contre une tasse de café… Cela laisse rêveur mais, il y a une quarantaine d'années, on croyait que ces pierres de couleur n'avaient d'intérêt que pour l'industrie : on les broyait pour en faire de l'abrasif. À quelques excep-tions près, comme le diamant bleu de Tavernier, d'une grosseur et d'une pureté inégalées.

Eddy a parcouru des milliers et des milliers de kilo-mètres en avion pour acquérir ses pierres ; il est deve-nu la référence sur ce marché et c'est en partie grâce à lui qu'elles valent maintenant dix, voire cent fois, le prix d'un diamant incolore!

M'bara kourou yé! J'ai vu une pierre!

Je me trouve à Banankoro, dans le triangle dessiné par les villes de Kérouané, Macenta et Beyla. Il s'agit d'une des régions du monde les plus riches en diamants, en pleine zone forestière, et où personne n'obtient jamais l'autorisation de se rendre ; d'une part à cause de ses ressources minières, mais d'autre part en raison de la guérilla qui oppose les forces gouvernementales et les rebelles du Liberia.

Évidemment, on ne m'a pas facilité le voyage. Je débarque à Conakry un mercredi soir, après huit heures de vol. Première douane franchie sans problème. Seconde douane, un grand Guinéen m'interpelle : « Laissez votre matériel photo ici ». Je lui réponds sur un ton courtois, sachant d'expérience qu'il ne sert à rien de hausser la voix : « Voici mes autorisations, elles ont été signées à Paris par les responsables de votre ambassade ». Peine perdue, il ne veut rien savoir : « Je vous dis de laisser vos affaires ici ! » Mon contact, qui depuis huit jours devait débloquer toute l'affaire, ne s'est visiblement pas fatigué. Je le soupçonne même de s'être pris de bec avec l'individu qui est en face de moi et qui aimerait sans doute beaucoup me soulager de mon matériel. Je prends mes effets personnels et me rends à mon hôtel.

Eddy n'est pas encore arrivé et sa secrétaire, avec son accent charmant, m'invite à l'attendre. Je m'assieds dans un bureau contigu au sien. La tête appuyée sur la main droite, je m'assoupis. Des diamants de toutes tailles scintillent sous mes paupières closes. Et mes songes me ramènent, à la vitesse de la lumière, en Guinée Conakry où je me trouvais deux jours auparavant.

« M'bara kourou yé ! M'bara kourou yé ! » J'ai vu une pierre ! J'ai vu une pierre ! ». L'homme qui vient de prononcer ces paroles en malinké, l'un des dialectes locaux, est un grand noir, le visage couvert de boue. Je reste figé, sans voix, devant le petit cristal blanc d'une brillance inhabituelle. C'est le premier diamant que je vois sortir de terre ici, il est gros comme une olive et doit peser environ dix carats.

Ci-contre :
La nuit, Conakry se transforme en jungle dangereuse dans laquelle il faut protéger les individus et leurs biens.

Ci-dessous :
Diamant brut.

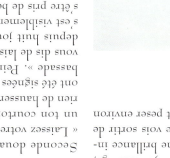

Ci-dessous :
La Guinée est un pays fortement islamisé, et plus particulièrement la région des mines.

Ci-dessus :
Les vigiles de Banankoro,
recrutés par l'armée, sont
parfois plus dangereux
que les malfrats qu'ils
sont censés combattre.

Ci-dessus :
La majorité des villages
à l'intérieur du pays sont
constitués de cases.

Le lendemain, à la première heure, je retourne à l'aéroport. Devant moi se dresse alors Olga, la directrice des douanes, une plantureuse métisse, fruit plutôt réussi de l'union d'un Russe et d'une Guinéenne. Olga, tout de bleu pétrole vêtue, m'explique que je n'ai pas les bonnes autorisations : « Voyez-vous, dit-elle, il faut celles des ministères de la Décentralisation, de la Défense nationale, des Mines, de la Communication, et enfin celles du Tourisme ». Elle m'invite donc à effectuer - ce que mon contact aurait dû faire - la grande tournée des divers ministères afin d'obtenir les précieux papiers, porteurs des fameux tampons et des indisponsables signatures de tous les fonctionnaires qui peuplent les bureaux poussiéreux de l'administration guinéenne...

Ci-dessus :
Le sous-sol guinéen
recèle des milliers de
carats de diamants.

Ci-dessus :
La population
est accueillante, bien que
méfiante depuis que les
Soviétiques lui ont appris
à considérer tout étranger
comme un « espion ».

Le kilomètre 36,
de sinistre réputation...

Patience, courage, ténacité ! Le ministre des Mines est parti sans crier gare pour La Mecque. Heureusement, son directeur de la communication est là. Il signe mon papier et le fait porter par un secrétaire chez Olga. L'assistante de cette dernière l'égare sous une pile de dossiers. On finit par le retrouver. Dorénavant, je vais suivre tous mes papiers jusqu'à remise en mains propres au destinataire... Après une semaine rendue épuisante par les 40 °C qui règnent à l'ombre, je possède enfin les autorisations. Il ne me manque que celle du ministère de la Communication. Les locaux ont l'air vide, et sont surveillés par un garde armé. Je m'adresse à lui : « Il y a quelqu'un ? ». « Non, les gens sont partis à un enterrement ». « Tous ? ». Il me regarde, suspicieux : « Il ne reste que le ministre, mais vous ne pouvez pas le voir ». Je pose la main sur mon portefeuille, un geste qui depuis mon arrivée m'est devenu familier. Le garde me laisse entrer ; le ministre signe mon papier. Enfin, c'est fini ! À ceci près qu'il faut faire une photocopie et qu'il n'y a plus d'encre dans la machine... J'en suis quitte pour revenir le lendemain matin. J'ai cru, certains jours, que j'allais m'asseoir par terre et me mettre à pleurer ; j'ai fini par menacer le chef du douanier pointilleux de l'aéroport ; et j'ai menacé également le bras droit du ministre de la Communication et le ministre des Mines de rentrer en France et d'y raconter en détails les pratiques de leurs douaniers...

Quitter Conakry est une nouvelle épreuve. La traversée des bidonvilles est interminable et le fameux kilomètre 36 mérite sa sinistre réputation : barrages de police, menaces, racket sont toujours au rendez-vous. Tout le monde se fait rançonner, les Guinéens comme les autres. Dans mon 4x4, il y a mon guide, Mohammed Diakhaby, qu'on appelle Diakhaby tout court. Il connaît les pierres de couleur, mais pas grand-chose au diamant. Heureusement, il y a un autre homme, Dialo, qui m'a été présenté par le directeur des mines. J'ai beaucoup d'estime pour lui. En fait, c'est un « Monsieur ». Âgé d'une soixantaine d'années, ingénieur des mines, bras droit du directeur de la communication, il a formé la plupart des ingénieurs que nous allons rencontrer. Ils le tiennent tous, à juste titre, en haute considération.

Nous parcourons huit cents kilomètres d'une traite, sur une route correctement goudronnée. Comme il y a pénurie d'essence - il paraît que le pétrolier qui devait arriver à Conakry n'est toujours pas en vue -, le carburant est hors de prix ; on l'achète discrètement à ceux qui en ont fait des provisions, après avoir pris soin de tremper le doigt dans le précieux liquide afin de vérifier qu'il n'a pas été coupé avec de l'eau...

Dans la rivière, parfois, un trou empli de diamants...

En passant à Ouré Kaba, sur la route qui mène à Kissidougou, Dialo m'explique : « Cette région est riche en or ; on le trouve en grande quantité ici et il a contribué à la grandeur et la prospérité de notre pays ». Mais ce sont surtout les diamants de Guinée qui sont célèbres : à peu près 60 % des pierres extraites sont d'une qualité exceptionnelle et peuvent être taillées en joaillerie. Le reste est utilisé par l'industrie, pour constituer des abrasifs. Les diamants exploités aujourd'hui sont surtout alluvionnaires, ce qui signifie qu'ils sont charriés par les rivières qui les emportent loin de leurs sites primaires, des roches volcaniques très dures qu'on appelle kimberlite et qu'étudient actuellement, en vue d'une éventuelle exploitation, les sociétés De Beers et Debsam. La recherche est concentrée dans la région de Kérouané, Kissidougou et Macenta, dans le sud. Mais c'est dans celle de Banankoro qu'on trouve les plus belles et les plus grosses pierres.

Ci-dessus :
Diamant découvert dans les alluvions.

Ci-contre :
À Banankoro, la majorité des femmes sont voilées.

Page de droite :
La moindre parcelle de la concession est creusée et méticuleusement fouillée.

Ci-contre :
Sur la plus grande partie du parcours, c'est une piste qui conduit aux mines.

Le principe de l'exploitation alluvionnaire est assez simple. Comme le diamant est lourd, il se dépose au fond des rivières. Et même lorsque ces dernières sont asséchées, et à condition de creuser au bon endroit, on peut tomber sur un trou empli de pierres. Évidemment, ce type de quête tient de la loterie...
« Regarde, Patrick, me dit Dialo alors que nous traversons la région de Kindia, à environ 130 km de Conakry. Regarde... » J'aperçois en effet des dizaines d'hommes qui creusent de manière sauvage, y compris sous les palmeraies où les arbres sont à moitié déracinés. J'interroge Dialo : « Ils ont des autorisations ? » Mon compagnon secoue la tête et se tait. En fait, je l'apprendrai plus tard, il y a eu des révoltes dans ce secteur ; et le gouvernement laisse faire pour avoir la paix. Ce qui ne l'empêche pas, au passage, de prélever sa petite pincée...

Tout au long de cette journée de route, nous ne traversons que des villages de cases. Des femmes très belles écrasent du millet ; on se croirait dans un autre siècle. Nous arrivons le soir à Kissidougou. Dialo connaît un hôtel, un peu en dehors de la ville, l'hôtel Savannah. Surprise, il est tenu par un couple de Français. Le patron est un ancien légionnaire. Âgée d'une soixantaine d'années, les cheveux blancs, Chantal, son épouse, dirige l'établissement en maîtresse-femme. Passionnée d'art africain, elle possède une magnifique collection de statues en bois. Le soir, après un dîner fameux à base de poulet, nous devisions paisiblement, de diamants bien sûr ! Et particulièrement de cette coutume locale qui consiste à commencer l'exploitation d'une mine par une curieuse cérémonie : un marabout doit planter un bâton au milieu de la concession et favoriser ainsi la découverte des pierres.

« Vous avez vu Marcel, le serveur ? », me demande Chantal. Comme j'acquiesce, elle poursuit : « il connaît un marabout du côté de Banankoro. S'il est d'accord et si vous le désirez, vous pouvez l'emmener avec vous ». Sur la route, Marcel nous fait faire un arrêt chez une de ses connaissances qui possède une statue de bois ; il avait mesuré, la veille, mon intérêt pour

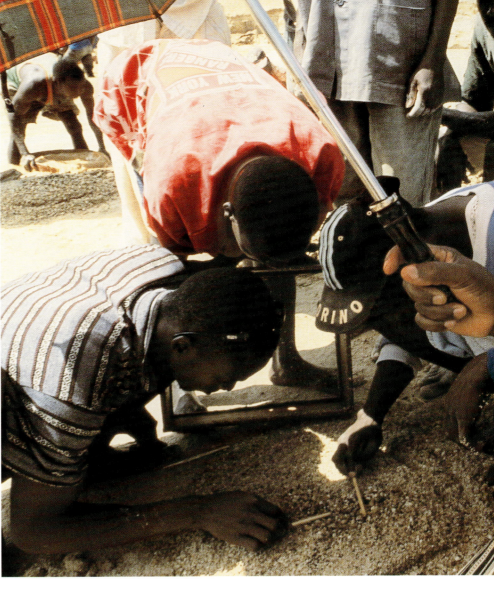

Ci-contre :
Les ouvriers cherchent les diamants sous l'œil attentif du représentant du patron.

Ci-contre :
Les tribus de l'est du pays ont longtemps pratiqué le sacrifice humain. Certains affirment que cette coutume, destinée à porter chance dans la recherche du diamant, se poursuit aujourd'hui encore.

la collection de Chantal. L'objet est un peu bizarre : il s'agit d'une sorte de personnage qui tient un couteau dans une main ainsi qu'une tête d'enfant. En remontant en voiture, Marcel me raconte une histoire qui me fait froid dans le dos. Selon lui, certains animistes décapitent des enfants - on a retrouvé des corps - pour favoriser la découverte de diamants...

Marcel est chrétien alors que la Guinée est musulmane à 90 %. Parmi les sept millions de Guinéens, on distingue trois ethnies principales : les Peuls (40 % de la population ; ils vivent principalement sur les plateaux herbeux du Nord) ; les Soussous (11 %, dans la région de Conakry) ; et les Malinkés (25 %, dans les savanes de Haute-Guinée). Sékou Touré était malinké. Il a été le premier président de la République après l'indépendance en octobre 1958. Il avait dit à de Gaulle qu'il préférait « la liberté dans la pauvreté , à la prospérité enchaînée ». Par la suite, c'est encore lui qui a fait évoluer son pays, d'abord sur le modèle soviétique - il avait besoin de l'URSS pour exploiter ses diamants -, puis sur le modèle chinois ; à la manière de la révolution culturelle maoïste, il avait créé des fermes d'État et des unités révolutionnaires. Aujourd'hui, l'ambiance qui règne notamment dans l'administration est sans doute issue des exemples soviétique et chinois....

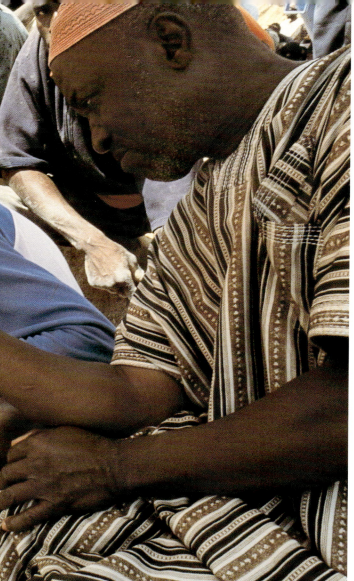

245 000 carats de diamants

Pour aller de Kissidougou à Banankoro, nous empruntons une piste sans âme. Le pare-brise du 4x4 a explosé, la poussière nous étouffe. Avec Dialo, nous devons visiter la mine d'Aredor, l'une des rares, avec celle d'Hymex à Macenta, qui soit exploitée aujourd'hui de manière industrielle. Aredor était autrefois une société d'Etat. Elle appartient maintenant à des capitaux étrangers. « L'exploitation industrielle représente de nos jours à peine 10 % de la production, m'explique Dialo. Pour te donner un exemple, en 2001, Aredor a produit 245 000 carats de diamant pour 4,3 millions de dollars US. Les mines exploitées de manière artisanale ont produit quant à elles 338 000 carats, soit une somme de 19,3 millions de dollars US ». Je l'interroge : « Et la mine d'Hymex ? ». « Pratiquement rien, elle est dans les choux, comme vous dites : 500 carats pour 0,05 million de dollars US... »

Ci-dessus :
C'est en lavant la terre alluvionnaire dans des tamis que l'on trouve les gemmes.

Ci-dessus :
Balance spéciale pour les gemmes. L'unité de mesure est le carat, qui correspond à 0,2 g et tient son nom de la graine de caroubier, utilisée jadis comme poids.

Avant de rejoindre Aredor, il faut encore franchir un barrage de police. Les blancs étant rares dans cette région, les hommes en uniforme beige-kaki me regardent d'un air soupçonneux. Finalement, après avoir produit encore une impressionnante quantité de papiers, de tampons et de signatures, nous parvenons au but.

À côté de la mine, dans une enceinte bouclée par des barbelés, des dizaines de pavillons sont érigés les uns à côté des autres. Des Guinéens en arme gardent toutes les issues, mais on ne voit que des Pakistanais. L'un d'entre eux nous entraîne vers une baraque, dans une sorte de bureau. Je sens tout de suite que nos affaires se compliquent.

« Nous ne sommes pas au courant de votre visite, vous ne pouvez pas vous rendre dans la mine », me dit-il dans un anglais approximatif. « Comment ça ? Le bureau d'Aredor à Conakry m'a affirmé le contraire... » Le Pakistanais secoue la tête négativement. Je ne crois pas un mot de son histoire. Ici, ils disposent d'une radio et peuvent très bien communiquer. Je pense plutôt que la direction d'Aredor n'a pas fait passer le message parce qu'elle ne tenait pas à ma visite. Pourquoi ? Surtout à cause des personnes qui m'accompagnent et qui connaissent bien les membres du gouvernement.

Il faut dire que les capitaux d'Aredor sont canadiens, et que ce sont essentiellement des Pakistanais qui travaillent sur place.

« Si vous voulez, vous pouvez dormir ici et ne repartir que demain », poursuit le chef. Avec Dialo, nous nous installons dans un pavillon plutôt spartiate. Je lui demande : « Qu'est-ce que tu en penses ? ». Il reste évasif : « les Pakistanais sont détestés ici. Ils ne peuvent même pas aller dans la ville de Banankoro. Tu verras, tu comprendras quand nous irons là-bas demain... » Le jour à peine levé, Dialo et moi, toujours escortés de Marcel et de Diakhabi, partons pour la ville.

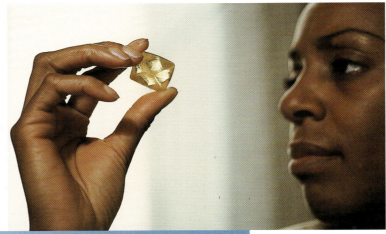

Ci-dessous :
Octaèdre de diamant
jaune de la collection
De Beers.

Ci-contre :
La loupe x 10 est un
instrument indispensable
pour détecter les
impuretés.

Ci-dessous :
Deux diamants
« taille fantaisie »
légèrement colorés.

... et on repart
avec un nouveau tampon

Banankoro est une ville surréaliste. Musulmane pure et dure, on peut dire fondamentaliste. Les hôtels, considérés comme des lieux de débauche, ont été fermés. On dénombre cinquante-deux grandes mosquées, plus une quarantaine considérées comme privées. Hormis quelques écoles coraniques, il n'y a qu'une école publique. Pour la rejoindre, les enfants doivent faire une heure et demie de route à pied, en plein soleil. Avant de pénétrer dans Banankoro, il faut à nouveau franchir les barrages des milices, ou ceux de l'armée. Et à nouveau, contrôle de tous les papiers, de tous les ordres de mission... Heureusement, Dialo est là : il s'exprime en français, me présente, explique que nous sommes sous la tutelle du ministère des Mines. S'en suit le discours de l'autorité locale et, à la fin, ma propre intervention au cours de laquelle je dois me présenter. Pour finir, on se serre la main, on glisse quelques billets, et on repart avec un nouveau tampon. J'ai vraiment cru certains jours que je n'arriverais pas au but. Mais Dialo veille : « Patrick, il nous faut absolument ces papiers, sinon ils vont nous "fatiguer"... ! Nous tuer plutôt ! »

La même scène se reproduit à Banankoro ; notre « numéro » expédié auprès du préfet, nous avons obtenu les bons papiers et nous filons vers le seul hôtel, minable, à une vingtaine de minutes de la ville, dans un endroit qui s'appelle G'Benko, et tenu par un Guinéen qui travaille pour Aredor. Encore un endroit démoralisant : les portes et les fenêtres sont quasiment blindées, les chambres sont équipées de verrous dignes de la Tour de Londres ; dans une pièce mitoyenne, un seau d'eau et un trou meublent la « salle de bain »...

Après une nuit blanche, ou presque, nous retournons avec Dialo à Banankoro. Le bourg est constitué d'une succession de huttes bâties en brique locale et de petites baraques en bois construites à la va-vite, comme dans ces villes que l'on décrit dans les épisodes de la Ruée vers l'or. Au bord des routes se tiennent une multitude de petits commerces, éclairés la nuit par de petites lampes à huile. À même la terre battue, les marchands disposent bougies, allumettes, cigarettes, bananes et autres oranges pelées qu'on presse aux bords des lèvres pour en extraire le jus. Le plus beau magasin de la ville se situe au centre ; il a pour nom « Alimentation générale » ; comme dans toutes les villes de mines, c'est ici qu'afflue l'argent. La boutique est tenue par un petit bonhomme à l'œil vif, commerçant dans l'âme, qui vend des gâteaux secs, du riz, des boîtes de conserve. Il a aussi de l'eau de marque Koya,

dans des bouteilles en plastique. Elles valent plus d'un euro chacune : pour les petites gens, ce tarif institué par l'État est évidemment prohibitif. On trouve aussi des pelles, des tamis, des pioches, destinés aux mineurs, qui appartiennent tous à l'ethnie malinké. Enfin, une boutique dispose d'un téléphone satellite. Banankoro est vraiment coupée du monde, et l'on se dit qu'il ne doit pas faire bon se retrouver entre les mains des miliciens ou des gendarmes… En passant devant une caserne, j'ai aperçu un homme que tabassait un flic avec une sorte de gourdin : il paraît qu'il avait volé un diamant.

Page de droite :
Travail à la mine.

Ci-contre :
Différentes cristallisations
et couleurs de diamants.

Ci-contre :
Les minarets des cent
mosquées de Banankoro
sont les seuls édifices
dominant les cabanes et
les huttes dont est
constituée la ville.

Ci-dessus :
Le riz est la nourriture de
base des Guinéens.

« Tu es mon frère »,
« c'est un bon prix »

Ce 23 mars, jour de la fête de Tabaski (Aïd-el-Adha musulmane), la rue ressemble à une gigantesque boucherie. Des barbus ensanglantés égorgent des moutons et des vaches qui bêlent et mugissent dans un vacarme infernal. J'ai sorti mon appareil photo, les touristes étant autorisés à prendre des clichés. Mais des individus incroyablement agressifs m'entourent en hurlant et me dissuadent de faire des images. Heureusement, un appel à la prière les éloigne. J'interroge Dialo : « Pourquoi ne voit-on pas de Pakistanais ? Ils sont pourtant musulmans… ». « Parce que les Guinéens les jugent laxistes, et les accusent en outre de leur prendre leurs diamants : c'est l'artisanat contre l'industrie ! » Il existe en Guinée une sorte de hiérarchie parmi les artisans, je le constate en me rendant avec Dialo sur le site d'une mine située à quelques dizaines de kilomètres de Banankoro. Nous arrivons sur une vaste esplanade ; la terre est découpée en cubes, comme de larges marches aux dimensions variables.

Des hommes creusent les uns à côté des autres, mais tous ne sont pas au même niveau. Une femme, grande, élégamment vêtue d'un boubou beige, observe les mineurs. A proximité, un homme danse et chante de longues mélopées. Il s'adresse à la femme, répétant inlassablement : « Tu es belle, tu es belle… » Dialo m'explique : « C'est un griot, un crieur de louanges. La femme va lui donner un peu d'argent et il est chargé de lui porter chance dans ses achats ». Interloqué, j'interroge Dialo : « Mais qui est cette femme ? ». « Un master ». Son rôle consiste à prendre en charge tous les frais des mineurs ; elle leur fournit les outils, une ration de riz une fois par semaine, les loge éventuellement. Elle leur achète directement les pierres, selon des tarifs qu'ils connaissent parfaitement. Si la pierre est très grosse, le master se charge de la vendre et reverse 50 % de son prix au mineur. À côté des mineurs et des masters, on trouve les « collecteurs » : ceux-ci leur achètent les pierres et les apportent à Conakry où ils les négocient

Ci-dessous :
Pendant la fête de Tabaski, le sang des animaux égorgés coule dans les rues.

Ci-dessus :
Fatou est une « master », une patronne. Toute pierre trouvée sur sa concession doit lui être proposée à l'achat en priorité.

Ci-contre :
Avant d'être exportés, les diamants sont enfermés dans un paquet scellé à la cire par un fonctionnaire du bureau d'expertise national.

dans des comptoirs tenus par des Guinéens ou des étrangers établis ici depuis longtemps. Et là, le marchandage est intense : examen minutieux des pierres, pesage, le tout ponctué de « C'est correct » ou « C'est pas correct », « Tu es mon frère! », « C'est un bon prix ! ». Les transactions se font en dollars US ou en francs guinéens, sous la surveillance de gardes du corps qui veillent au grain.

Après la vente, les diamants sont exportés à Anvers, Tel Aviv ou New York. Mais avant le grand voyage, ils doivent encore transiter par le « bureau d'expertise », un organisme d'État qui évalue les pierres, les empaquète, scelle le colis à la cire et les expédie à l'aéroport. Au passage, les comptoirs doivent reverser 3 % de la valeur des pierres à titre de taxe d'exportation.

Dans la mine exploitée par la femme en boubou beige, les mineurs manipulent frénétiquement leurs tamis.

Ci-contre :
Les graviers sont lavés
dans des tamis pour
éliminer la terre.

Ci-dessous :
Le diamant brille plus
que les autres pierres au
milieu du gravier
alluvionnaire.

La découverte de l'Eurêka

C'est en 1866 que le premier diamant du continent africain fut découvert, de manière fortuite, en Afrique du Sud. La ferme De Kalk, près de la rivière Orange, est alors occupée par la famille Jacobs. Le père charge Erasmus, son fils, de rechercher un long bâton près du fleuve pour déboucher un drain. Dans les galets roulés par la rivière, une pierre brille plus que les autres. Le jeune homme la ramasse pour l'offrir à sa sœur Louisa. Un ami de la famille , Shalk Van Niekerk, passionné par les gemmes de couleur de la région, est intrigué par cette pierre d'un scintillement différent ; mais il est incapable de l'identifier. Quelques temps plus tard, la pierre est apportée à un minéralogiste qui, après un examen en bonne et due forme, déclare qu'il s'agit d'un diamant de 21,25 carats, dont il estime la valeur à 500 livres. La nouvelle, relayée par le journal local, fait grand bruit. Le gouverneur de la province du Cap achète la pierre et l'expédie à Paris pour qu'elle soit présentée à l'Exposition universelle de 1867-1868. Baptisée Eurêka, cette pierre fut taillée à Londres et devint un superbe brillant de 10,73 carats. Elle est exposée aujourd'hui dans la Maison du parlement du Cap. Quant aux Jacobs, ils refusèrent d'être payés pour ce qu'ils considéraient comme un « vulgaire caillou ne méritant aucune rémunération ». Quelques années plus tard, d'autres découvertes furent faites et une foule de prospecteurs affluèrent dans la région...

Ils ont une technique très sûre : agités dans une sorte de mouvement circulaire, les minéraux les plus lourds comme le diamant ou le grenat se concentrent au centre de l'instrument. Certains retournent le contenu de leurs tamis et le grattent avec des petits bouts de bois. Comme j'ai marché près d'un tas, un mineur me foudroie du regard et m'injurie en malinké. « C'est à cause de tes chaussures, m'explique Dialo, il a peur que tu embarques une pierre dans les rainures de tes semelles ! ». La femme master, qui n'a rien perdu de l'accrochage, me raconte en riant : « Un jour, un master très riche et très puissant voit arriver un homme qui lui dit : « Tu ne le sais pas, mais un de tes mineurs a trouvé une magnifique pierre ce matin ». Furieux, le master se rend dans sa mine et demande : « Vous avez trouvé quelque-chose aujourd'hui ? ». « Pas grand-chose », lui répond-on.

Hors de lui, le master les fait battre par ses gardiens et part à la mosquée pour la prière. Quand il revient, l'un des mineurs est en train de mourir. Les gendarmes sont venus, ils ont emmené le master, il y a eu un procès, il a été pendu et on n'a jamais retrouvé celui qui avait donné l'information ». La femme conclut : « Tu vois bien qu'on n'est jamais trop prudent ! »
Le lendemain de cette visite, nouvelle rencontre. Marcel, le serveur de Chantal, a retrouvé son marabout ; nous devons aller le voir dans son village, avec l'espoir qu'il nous permette d'assister à une cérémonie d'ouverture de mine. « Auparavant, me dit Dialo, nous devons aller au marché et acheter dix noix de cola, cinq rouges et cinq blanches, pour les offrir au chef du village ». Devant mon étonnement, mon ami m'explique : « les noix rouges symbolisent l'accueil et les blanches, le bonheur. Plus elles sont grosses et mieux c'est. Dans les villages, on raconte que, même si tu as tué quelqu'un, tout s'arrange avec ce présent.

Il s'agit du plus beau cadeau que tu puisses faire et, en plus, il signifie que tu te soumets ».

Nous arrivons donc au village avec les fameuses noix, sur lesquelles on a rajouté quelques petits billets. Palabres avec le chef, qui s'exprime en malanké. Dialo traduit : « Le chef explique que le diamant porte malheur et que, quand on en trouve, il faut s'en débarrasser. Dans le village, tout le monde haïssait un certain Baba Boukarwalon, qui en était très malheureux. Un jour, avec sa femme, celui-ci va au champ et fait tomber un bout de bois mort, dans lequel il trouve une énorme pierre. Devenu soudain très riche, il s'en va aux États-Unis. Eh bien, son petit-fils a été empoisonné par sa femme. Ici, le diamant a mauvaise réputation, commente Dialo. C'est pour ça qu'on cherche à l'échanger au plus vite contre de l'argent ou du bétail ».

Le chef fait venir son marabout féticheur, qui accepte de nous fixer un rendez-vous pour le lendemain sur une mine qu'il doit ouvrir selon le rite. À l'heure convenue, sur un terrain où se trouve une termitière - un signe sacré, plutôt de bon augure -, le marabout arrive. Il est jeune, la trentaine, habillé de haillons, les lèvres teintes en marron, le regard vague. Il transporte un transistor qui diffuse une musique de style vaudou, un coq vivant, un couteau, une bouteille pleine d'eau, des noix de cola, un tamis pour mineur, un collier de coquillages. Le propriétaire de la future mine est présent.

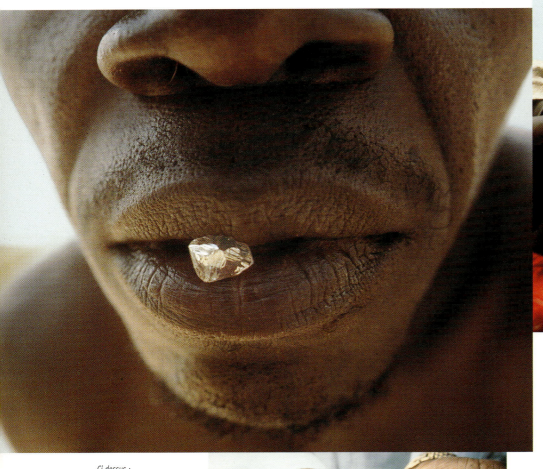

Le marabout commence par égorger son coq rouge, lui arrache les plumes, les plante dans la terre un peu partout, en dispose dans le tamis. Il poursuit ce rite étrange en dansant. Trempant son collier dans le sang du volatile, il ordonne au propriétaire d'aller planter un bâton à un endroit qu'il désigne de manière précise. Enfin, il communique la date à laquelle la mine pourra être ouverte.

À la place du bâton, je vois soudain un énorme diamant apparaître. Il sort lentement du sol, il est admirablement taillé, ses facettes présentent toutes les couleurs du spectre. Je n'en ai jamais vu de semblable. Des voix hurlent : « M'bara kourou yé, M'bara kourou yé », « J'ai vu une pierre, j'ai vu une pierre ! »

J'entends mon nom : « Patrick, Patrick ! ». J'ouvre les yeux. Je ne suis pas en Guinée, je suis à Anvers et mon ami Eddy me secoue doucement par le bras. Le voyage et ses multiples rebondissements ont bien eu lieu. Quant à l'apparition du diamant... Mais qu'importe : Eddy va me montrer les plus belles pierres dont je puisse rêver, l'hallucinante Rainbow collection !

Le diamant

Couleur : incolore (blanc), jaune, brun, vert, bleu, rose, rouge (extrêmement rare : onze référencés au monde seulement)
Dureté : 10
Densité : 3,47 – 3,55
Système cristallin : cubique
Composition chimique : carbone pur cristallisé
Réfringence : 2,47 – 2,419

Il doit son nom à sa dureté, du grec adamas, « indomptable ». Cette dureté n'a pas d'égal dans le monde minéral. Il n'est possible de le tailler qu'avec de la poudre de diamant, elle-même obtenue à partir de pierres dites « industrielles » dont la qualité est insuffisante pour la joaillerie.

Le travail du diamant s'effectue en quatre phases : le clivage ou le sciage, le brutage, le facettage et le polissage.

Pour le clivage, on utilise une lame placée sur la pierre à un endroit précis de faiblesse de la cristallisation ; subissant alors un coup sec, le diamant se fragmente. Cette technique est relativement risquée, les gemmes soumises à des tensions internes pouvant se briser. Plus longue, la technique du sciage est également plus sûre.
Le brutage consiste à donner au diamant une forme régulière, avec une face supérieure et une face inférieure. Puis le facettage sur une meule endiamantée permet la réalisation de la « taille brillant », qui comporte 57 ou 58 facettes. Un brillant de 1 carat est généralement obtenu à partir d'une pierre brute de 2,5 carats.

Les diamants cristallisent à une très grande profondeur (entre 150 et 200 km sous la surface terrestre). Dans leur grande majorité, ces gemmes se sont formées il y a environ 2 à 3 milliards d'années.

Ci-dessus :
Diamant brut incolore.

Ci-dessous :
Le Cullinan, le plus gros diamant du monde (3 106 carats) reproduit ici sous ses différentes formes : brute, clivée, et les principales pierres taillées.

À la poursuite
des ÉMERAUDES
en COLOMBIE

Ci-contre :
Pli d'émeraudes brutes.

Double page précédente :
Gilberto Rincon examine un cristal
d'émeraude de plus de 1 500 carats.

Page de gauche :
À Muzo, il n'y a pas d'âge
pour faire fortune.

Ci-dessous :
Portrait de Victor
Carranza, le roi de
l'émeraude.

J e ne saurai probablement jamais comment Jean-
Claude Michelou, mon contact à Bogotá, est
parvenu à m'obtenir un entretien avec Victor
Carranza. Peu importe. Cette bonne nouvelle
que m'annonce le Français, entré sur le circuit
de l'émeraude il y a une trentaine d'années,
connu et respecté de tous ici, autorise tous les
espoirs. Car Victor Carranza est le roi de l'émeraude.
Grâce à lui, je compte visiter les mines habituellement
inaccessibles du triangle vert du Bayoca, au nord de la
capitale colombienne. Je suis comme un gamin auquel
on vient d'offrir un cadeau, mais qui n'a pas encore le
droit de le déballer. Demain peut-être...

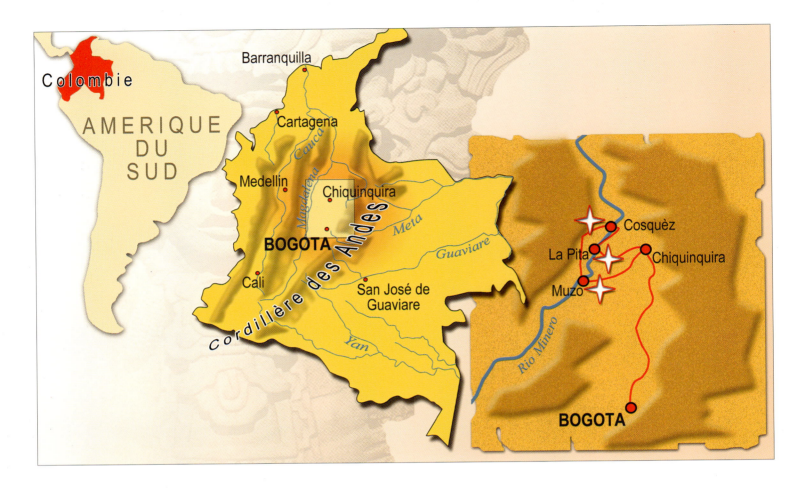

Contrairement à mon habitude, je ne pose aucune question sur le chemin qui nous conduit jusqu'à Don Victor. La situation complexe de la Colombie impose la discrétion. Je me contente donc de croiser les doigts pour que celui qui a tout pouvoir sur la région où je souhaite me rendre m'accorde son soutien. Notre 4x4 couleur sable arrive près d'un grand bâtiment, sorte de caserne militaire constituée de maisons en dur : c'est l'école d'entraînement des Forces spéciales colombiennes. On nous laisse entrer et nous nous dirigeons vers le premier étage d'un petit pavillon. Près de la porte, un garde du corps, à l'allure sympathique mais non

moins dissuasive, se tient en faction. Même en prison - actuel « lieu de résidence » de Carranza -, la prudence est de mise. Car on a bien dû essayer d'assassiner cet homme plusieurs milliers de fois.

Pour l'heure, il est assis derrière une table et répond aux questions d'un journaliste anglais. Tandis qu'il prend congé de son visiteur, j'en profite pour l'observer : brun, pas très grand, le visage barré par une épaisse moustache, des tempes grisonnantes qui lui donnent un air de sagesse. Mais ce qui frappe immédiatement, c'est la vivacité de son regard. Inutile de lui expliquer plusieurs fois les choses.

Je vais droit au but après les formules de courtoisie qui s'imposent : « Monsieur Carranza, je souhaite aller dans les mines ». Pour appuyer ma demande, et surtout pour montrer que ma requête n'est pas un simple caprice, j'ai apporté avec moi un film que j'ai réalisé dans les mines de Mogok, en Birmanie. Je tends la cassette dont s'empare immédiatement le deuxième garde du corps. D'un signe de la tête, Don Victor désigne le magnétoscope posé sur le buffet, juste à côté de son lit surmonté d'un énorme crucifix en bois. Attentif, il regarde les images, admire les rubis.

Au bout d'une vingtaine de minutes, il fait arrêter le téléviseur. Peu de mots ont été échangés. J'ignore si c'est de bon augure. Victor Carranza se lève, fait quelques pas et se dirige vers le fond de la pièce, près du second escalier de sortie.

Ci-contre :
Les lapidaires travaillent l'émeraude en prenant de grandes précautions ; cette gemme est en effet aussi fragile que belle.

Ci-dessous :
Émeraude ; avenue Jimenez, les courtiers examinent les gemmes dans la rue avant la transaction.

Je lance un regard inquisiteur vers Jean-Claude, qui demeure impassible. Les petits bruits secs qui claquent alors apportent un premier élément de réponse. Je n'ai pas fini de comprendre que Don Victor a ouvert son coffre que, déjà, il revient avec une pure merveille : « Nous aussi, en Colombie, nous avons de belles pierres, me lance-t-il fièrement. Elles ne sont pas rouges, mais vertes ».

Le cristal d'émeraude qu'il tient dans sa main est parfaitement hexagonal. La meilleure qualité qui soit, d'une valeur inestimable : il pèse 1 677 carats ! Subjugué par la beauté de cette pierre, je reste muet d'admiration. Victor Carranza conclut, toujours en espagnol : « Ton travail m'intéresse. Tu peux aller dans mes mines. Mais d'abord, passe chez moi, je vais te faire apporter quelques beaux spécimens que tu pourras apprécier ». Encore sous le choc, je réalise à peine que je viens d'obtenir ce que j'étais venu chercher... : une autorisation !

Même si le maître des lieux n'est pas présent pour nous recevoir, nous nous rendons chez lui, comme il nous y a invités. La villa de Victor Carranza se situe sur les hauteurs de la ville. « Toutes les villas que tu vois aux alentours appartiennent au même propriétaire », me précise Jean-Claude tout en sonnant à la porte. « Elles appartiennent à Don Victor ? ». « Oui, il les a toutes achetées afin de se protéger ».

Un petit bonhomme moustachu nous fait entrer dans ce domaine à la décoration un peu kitsch. Une femme d'une soixantaine d'années, Mme Carranza, nous accueille. Tout en nous installant sur un canapé de style rococo, sous un immense portrait représentant son mari, elle nous offre à boire et nous prévient : « les gens que vous venez voir vont arriver ».

Les lieutenants de Don Victor ne tardent effectivement pas à faire leur entrée dans la pièce. Trois types costauds, solidement armés. À leur tour, ils prennent place. Sur la table basse recouverte de feuilles de papier blanc, l'un d'eux fait glisser d'un vulgaire sachet en plastique une soixantaine de cristaux bruts d'émeraude.

Ci-dessus :
Les « guaqueros »
cherchent parfois des
jours entiers avant de
trouver un petit cristal
vert qui se détache sur
le noir de la roche.

Ci-contre :
Jean-Claude Michelou et
l'auteur au cours d'une
transaction à Bogotá.

Il y a également des pierres taillées, plus grosses que des pièces de deux euros.

Je crois rêver. Une à une, je prends les pierres au bout de mes doigts. Superbes ! Puis nous réglons les modalités du voyage. On met à notre disposition un 4x4 Toyota jaune et un chauffeur pour partir dès demain matin. Une dernière poignée de main et un ultime regard sur la médaille, une émeraude, qu'un des associés de Carranza porte autour du cou : la Vierge des esmeralderos qui se trouve à Chiquinquira.

Ci-contre :
La route qui mène
à Muzo franchit
la cordillère
des Andes orientale.

Une émeraude
sous le sabot d'un cheval...

Chiquinquira, une plaque tournante, la dernière grande ville avant ce que l'on appelle le triangle vert du Boyoca, où se trouvent toutes les mines d'émeraude du pays. C'est là que nous faisons escale après trois heures d'un voyage fatigant. Nous passons près de l'immense basilique de style néocolonial, l'une des plus anciennes de Colombie, où tout le monde se retrouve : les mineurs pour s'y recueillir, les patrons pour trouver des émeraudes et la guérilla... pour s'y confesser.
Après une nuit agitée durant laquelle j'aurais pu compter toutes les voitures qui sont passées dans la rue, nous quittons, tôt le matin, cet hôtel minable que je ne regretterai pas. Direction Buenavista, lieu symbolique où l'on franchit la cordillère des Andes orientale avant de redescendre dans une vallée.

Ci-dessus :
La « taille émeraude »
a été spécialement étudiée
pour cette gemme.

Ci-dessus :
Le paysage autour de la
mine de Muzo.

Si le paysage est toujours aussi verdoyant, la route, elle, est de plus en plus escarpée. Notre 4x4 flirte avec des ravins qui tombent à pic. Je ne sais pas très bien si c'est le précipice ou les lacets qui me rendent le plus malade. Pour tenter d'oublier mon malaise, je lance à Jean-Claude : « Elle est épouvantable, cette route ! Comment se fait-il qu'elle soit en si mauvais état ? ». « Certains prétendent qu'elle n'est pas entretenue afin de décourager les gens d'aller là-bas », s'amuse-t-il... Là-bas, c'est le fond de la vallée que l'on découvre au détour d'un ultime virage. Un petit point blanc grossit peu à peu : le clocher d'une église. Tout autour, des maisons badigeonnées de bleu, rose, rouge brique. C'est la ville de Muzo. « Sais-tu pourquoi la ville s'appelle ainsi ? », me demande Jean-Claude. « À cause des Indiens ? ». « Oui, car les Indiens Muzos exploitaient les mines bien avant l'arrivée des conquistadors. Ils étaient anthropophages et se battaient continuellement contre les Muiscas qui, eux, croyaient en un dieu représenté par une énorme émeraude. À cette époque déjà, on trouvait ici cette pierre précieuse ». « Mais j'ai également entendu parler d'une histoire avec un colon espagnol... ». « Parfaitement, me répond mon encyclopédiste du moment, tu fais allusion à Juan de Penagos. En août 1564, il fuyait à cheval pour échapper à un terrible combat contre les Muzos quand il s'aperçut que sa monture boitait. Il examina les sabots de l'animal : au milieu de l'un d'eux était plantée une superbe émeraude d'un vert intense. C'est ainsi que l'on a redécouvert les mines de Muzo ! ».

La fièvre verte
des guaqueros

Nous sommes arrivés au bout de cette route exécrable. La ville est là, relativement calme. Ce soir, nous sommes hébergés chez Hector, homme de confiance d'un des propriétaires de La Pita, une autre mine de la région. Nous sommes reçus royalement dans sa maison. Alentour, je remarque d'étranges relais. Télévisions, antennes satellites et antennes pour téléphones portables font partie du paysage. Ici, au milieu de nulle part...

La piste que nous empruntons ce matin pour rejoindre la mine est encore plus défoncée que la route prise hier. Une heure de trajet abominable dans notre 4x4, qui ressemble plus à un prunier que l'on secoue en tous sens qu'à un véhicule civilisé. Je respire quand nous faisons enfin une halte. J'ai tort. Le boui-boui dans lequel nous nous sommes arrêtés sert, en guise de petit-déjeuner, des tripes et des espèces de couennes grillées. Un menu qui achève de me soulever le cœur. Heureusement, bientôt, des baraquements en tôle ondulée nous indiquent que nous approchons de la mine.

Ci-dessus :
Après huit heures de travail au fond de puits mal ventilés, à des températures extrêmement élevées, les mineurs sont épuisés.

Page de droite :
Jean-Claude Michelou au bord de la rivière ; c'est ici que les « guaqueros » fouillent les rejets des mines déversés dans le Rio Minero.

Ci-contre :
Les « guaqueros » à la recherche de quelques miettes vertes...

Ci-contre :
Dans cette région, tout le monde cherche à faire fortune !

Sans plus attendre, Jean-Claude et moi sautons de notre Toyota pour aller directement à la rivière où des « guaqueros », « chasseurs de trésor », cherchent des émeraudes. Le Rio Minero n'est plus qu'un gros torrent de boue noire, tant on y a déversé de déblais de la mine. Tolima fait partie de ces pauvres bougres qui retournent à la pelle l'amas de gravats. Depuis le mois d'août 1969, il effectue les mêmes gestes. Inlassablement. Avec le même espoir, un éternel sourire d'enfant, mais de fines rides de vieillard que trente-cinq années d'un travail exténuant ont contribué à creuser dans son visage émacié. Sans lâcher sa pelle, il nous explique : « les pierres sont là-bas, dans la mine. Mais nous, nous n'avons pas le droit d'y aller. Car il y a les patrons. Par contre, on récupère ce qu'ils jettent et il en sort toujours des émeraudes ».

Là-bas en effet, on dynamite des pans de montagne qui renferment peut-être les précieuses gemmes, puis des bulldozers repoussent en contrebas, vers la rivière, les résidus de l'exploitation. Le procédé est de plus en plus rare et les "guaqueros" sont de moins en moins nombreux. Mais la « fièvre verte » est toujours la plus forte et certains continuent, malgré les difficultés, de tenter leur chance.

Tolima est heureux de nous rencontrer. Pas besoin de lui poser des questions pour qu'il nous raconte sa vie, « une histoire élégante » ainsi qu'il la qualifie, identique à celle d'autres malheureux qui peuplent cette vallée. « Avant, j'achetais et je vendais des pierres. Mais j'ai été cambriolé. Aujourd'hui, je suis ruiné, alors je recommence à chercher des émeraudes ». Il s'interrompt, sort de la poche de son jean un marteau et fend en deux le caillou qui se trouve à ses pieds : « regardez comme cette pierre est colorée! Il peut y avoir des émeraudes à l'intérieur ». Effectivement, au bout de ses doigts noirs, roule soudain un petit morceau de pierre verte. « Le commerce est mauvais. On ne trouve pas d'acheteur. Moi, j'ai besoin de vendre pour payer mes dettes ».

Cela fait douze heures - il a commencé à l'aube, à 5 heures - que Tolima racle le fond du Rio Minero avec sa pelle. Le jour décline et sa journée s'achève enfin. Il rentre chez lui, non loin de là, dans une maison creusée dans la falaise. Sa femme et ses enfants ne vivent pas ici, ils habitent dans la région du Tolima (d'où son nom). Il faut dire qu'aux abords de la mine, les conditions de vie sont très précaires. Le petit baraquement est sombre.

*Ci-dessus :
L'auteur et des « guaqueros ».*

La lampe, maigrichonne, n'a pas grand chose à éclairer : un lit, un réchaud qui côtoie un tube de dentifrice et une brosse à dents. Pas d'électricité, pas d'eau non plus. Certains ne se lavent pas. D'autres le font dans la rivière. Par hygiène plus que pour paraître propres. Car on ne débarrasse jamais de cette maudite boue noire qui colle et s'incruste dans la peau. Si on vient à se couper, elle marque et ne disparaît jamais. La blessure devient un véritable tatouage.

Lorsqu'il a fini sa journée, vers 6 ou 7 heures du soir, Tolima prend soin de se nettoyer au mieux. Quand il n'est pas trop fatigué, il rejoint un baraquement attenant au sien pour disputer une partie de billard. Mais auparavant, il n'omet jamais de faire une halte. Appuyé sur sa pelle, il retire sa casquette, se signe et prie quelques instants la Vierge nichée dans un petit oratoire. La foi est la seule alliée de ces malheureux qui ne se départissent pourtant jamais de leur joie de vivre et de leur sourire.

La descente aux enfers

Ce matin, je sais que je vais enfin pénétrer dans la mythique mine de Muzo. Pour l'heure, l'atmosphère moite de la forêt tropicale est secouée d'une agitation qui m'étonne. Ma perplexité n'échappe pas à Jean-Claude, qui m'explique : « Tous les matins, c'est le même scénario. Les gens d'ici organisent un marché. Les guaqueros vendent aux esmeralderos. Tiens regarde là-bas, c'est Tolima ». C'est bien effectivement la silhouette sans âge de notre ami. À la main, il tient un sachet en papier qui renferme ses petites merveilles vertes. Il se mêle à cette foule dont les bras sont tendus au-dessus des tables ; leurs doigts pétrissent les pierres, leurs yeux les scrutent. Parfois, un petit sachet change de main et les doigts saisissent alors une liasse de billets. Plus souvent encore, les vendeurs repartent avec un sac en plastique rempli de denrées alimentaires. Au marché de Muzo, on achète cash ou on échange les pierres contre de la nourriture... Tout cela, sous l'œil des patrons dont la mine tant convoitée surplombe la place.

La mine appartient à Victor Carranza et à ses associés. Ils l'exploitent depuis le jour de 1977 où la première concession officielle leur a été accordée par l'État.

« Tout le monde dit qu'elle est pratiquement épuisée, affirme Jean-Claude tandis que nous nous y rendons. Pourtant, on en sort encore des émeraudes. Et toujours parmi les plus belles du monde ».

Les hommes en armes et les barbelés ne laissent planer aucun doute : nous sommes bien à l'entrée de la mine. Visiblement, nous étions attendus. Des casques verts, rouges, bleus, jaunes convergent vers un seul et même point, l'ascenseur. Nous nous y engouffrons et descendons à 300 mètres sous terre. Ma gorge se serre d'émotion. Depuis longtemps, j'attends cet instant magique qui, pourtant, est bien une descente aux enfers. Au fond du trou, la température atteint 40 ou 50 °C. Je crois suffoquer. La ventilation est pratiquement inexistante. Nous avançons péniblement, tête baissée, les pieds dans l'eau. Malgré mes bottes en caoutchouc, je sens qu'elle est bouillante. Les marteaux-piqueurs crachent leur fumée au visage, déjà noir, des mineurs. On croirait qu'ils portent des loups de carnaval. Le bruit est assourdissant. L'homme qui travaille devant moi a les cheveux collés par la sueur.

Ci-dessus :
Au fond de la mine
de La Pita.

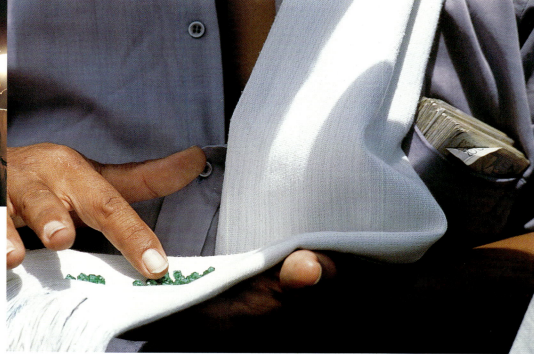

Ci-dessus :
Les achats
se paient « cash ».

Soudain, une veine blanche vient barrer la paroi rocheuse. Cette marque de calcite et de dolomite qui traverse le schiste graphitique noir est la promesse de cristaux d'émeraude. Le mineur délaisse le marteau-piqueur. À la lueur d'une lampe, il s'attaque à la veine avec une petite pioche. Il casse consciencieusement chaque bloc ainsi extrait, à la recherche d'une trace verte porteuse de mille espoirs. Je me penche vers ce qui n'est qu'un vulgaire caillou noir pour le profane. Il se partage en son milieu et, telle une boîte à bijoux, livre son trésor : une pierre verte. L'homme s'arrête, sourit : « Chaque fois que l'on trouve une paroi, on doit attendre le patron avant de la casser ». Jean-Claude précise : « Tu vois là ce que l'on appelle les "morallas", des émeraudes d'un vert très pierreux souvent annonciatrices d'émeraudes de bonne qualité. Le représentant du patron qui va venir, va retirer les émeraudes et les mettre dans un sac qui est cadenassé puis remonté à la surface. Un hélicoptère viendra en prendre livraison ». Un autre mineur dont le dos et les bras sont aussi noirs que la figure, et dont on ne distingue que les dents blanches dans l'obscurité, renchérit entre deux respirations haletantes : « Ici commence la zone compacte. C'est là que l'on voit la qualité des émeraudes. En ce moment, on en sort des grosses ».

Ci-dessous :
Cette veine blanche est un bon signe quand on cherche « l'esmeralda ».

Ci-dessous :
Les wagonnets sortent de la mine emplis de minerai ; les ouvriers brisent chaque bloc, espérant y trouver une émeraude.

Ci-dessus :
Les vigiles, fortement armés,
protègent la concession
contre les intrus.
Leur règle :
« on tire d'abord,
on discute après ».

Ci-contre :
Au bout du tapis de tri des
pierres de la mine se trouve
une trappe donnant sur
l'extérieur ; les « guaqueros »
y attendent les rejets pour les
trier à leur tour.

Sous l'œil
de vigiles armés...

Ci-dessus :
Une fois taillée,
l'émeraude est décollée
de la cire par
un léger chauffage.

Dans la galerie parallèle à la nôtre, un vacarme retentit. Laborieusement, un mineur est en train de pousser un wagonnet. À l'intérieur, un monceau de minerai concassé noir : les résidus et les débris obtenus par les explosions et les attaques au marteau-piqueur. Le convoi s'arrête soudain devant une niche habitée par une statue de la Vierge tenant l'Enfant Jésus dans ses bras. Le mineur redresse les épaules, se signe, s'essuie le front avec le foulard presque blanc qu'il porte autour du cou, et repart.

Nous suivons le wagonnet car, au fond de la mine, l'air saturé d'humidité est devenu irrespirable pour qui n'en a pas l'habitude. Remontés en surface, les gravats passent sur un tapis roulant où ils sont triés sous bonne garde. Je suis fasciné par les pistolets que les hommes arborent de manière ostentatoire. Il ne viendrait à l'idée de personne de déposer un caillou dans sa propre poche. La sanction tomberait immédiatement. Et serait irréversible...

Des dizaines de paires de mains font glisser sous leurs doigts les débris de roche qui défilent sur les bandes transporteuses. Là, au milieu des résidus noirs, une petite tache verte. Deux doigts tout aussi noirs la récupèrent. À peine une fraction de seconde, car ils la remettent tout de suite au représentant du patron. Je m'éloigne un peu pour fuir le bruit assourdissant. J'assiste alors à un spectacle saisissant.

En bout de tapis, une trappe communique avec l'extérieur de la mine. Des barreaux laissent passer les déchets boueux qui subsistent après le lavage et le tri et que l'on juge stériles. Ces miettes poisseuses sont convoitées par une poignée de pauvres bougres, hommes, femmes, enfants, vieillards, qui attendent en contrebas. Ils récoltent ce rebut dans des sacs aussi bien que dans les yeux et sur le visage. Peu leur importe. Les silhouettes courbées sous la charge trouvent encore la force de s'élancer vers la rivière. Une course effrénée pour laver ces débris porteurs de tant d'espoirs. Étalé sur de larges toiles servant de tamis, le schiste est agité, secoué, retourné dans le filet d'eau.

Parfois, les "guaqueros" y trouvent des petites poussières vertes... Tout le monde vient tenter sa chance sous l'œil toujours aussi aiguisé des vigiles armés. Car ces parias sont tolérés, mais ne sauraient pénétrer dans la concession.
Je sens que la fièvre verte me gagne de plus en plus. Malgré la fatigue, mon imagination s'envole vers l'autre versant de la montagne. Là se trouve une autre mine mythique, celle de Coscuez (ou Cosquez). Mais je devrai encore patienter avant d'y pénétrer.

Page de droite :
Les « guaqueros »
conservent les pierres
dans leur bouche pour
ne pas les perdre.

Ci-dessus :
Même une loupe ne suffit
pas toujours à reconnaître
une émeraude traitée.

Ci-contre :
Bogotá, capitale
de la Colombie
et de l'émeraude.

Ci-dessus :
Enfants de l'école de Muzo
interprétant une danse
précolombienne.

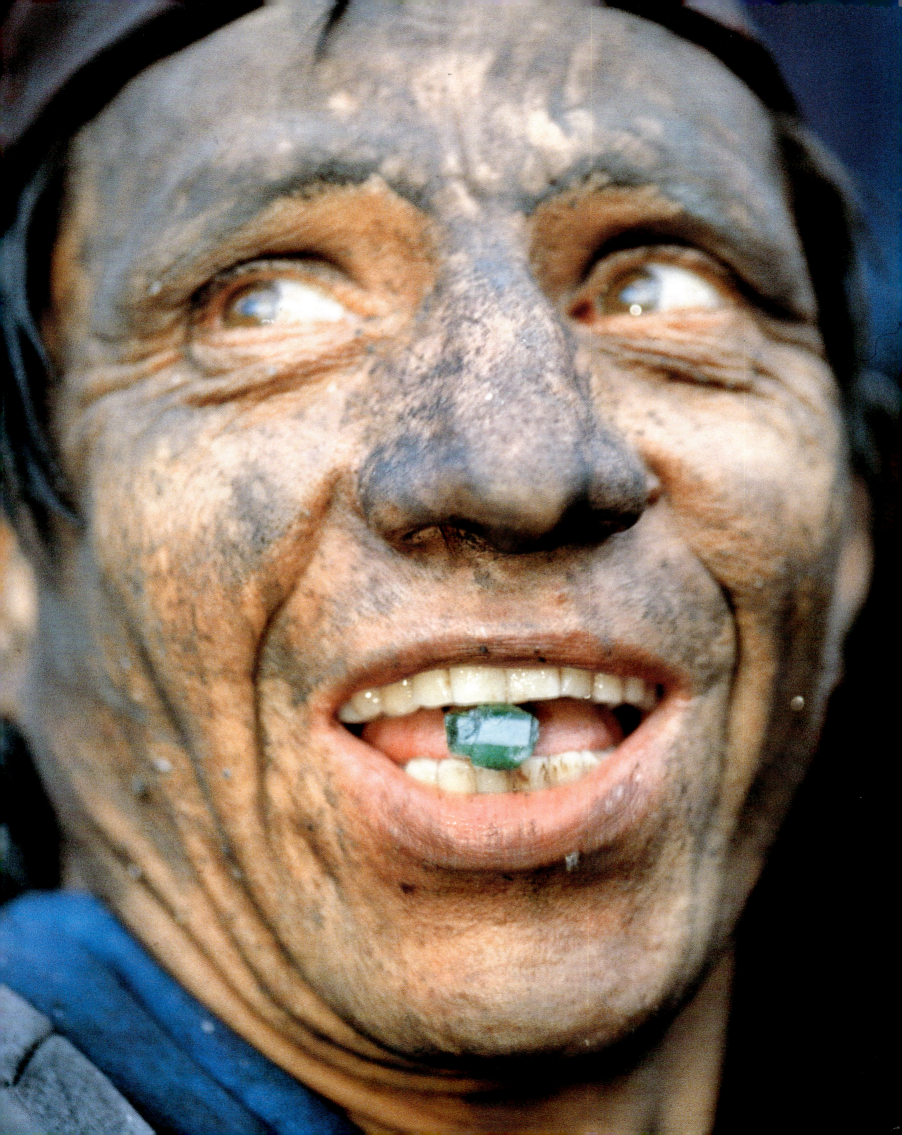

Pour le contrôle de la mine, une guerre et 5000 morts...

Ci-dessous :
Le village de Coscuez,
sur un piton rocheux.

Apparemment à un jet de pierre, 15 km à vol d'oiseau, Coscuez est pratiquement inaccessible et l'on doit, pour la rejoindre, effectuer un détour énorme en contournant tout le massif montagneux. Après une demi-journée de voiture, elle se dresse enfin devant nous. Jean-Claude m'arrache à la contemplation de cette espèce de piton rocheux : « On estime à 5 000 les victimes occasionnées par la guerre meurtrière déclenchée pour le contrôle de la mine. Finalement, grâce notamment à l'ancien évêque de Chiquinquira et à l'ensemble de la population locale, la paix est en partie rétablie ». « Et grâce aussi à Victor Carranza, non ? ». « Effectivement, confirme Jean-Claude ; mais les gens de Coscuez et leur chef, Luis Murcia, alias le Pékinois, ont également beaucoup participé au retour de la paix ».

Tous les bâtiments du village arborent en effet le symbole de la réconciliation entre les mines : deux mains qui se serrent, une émeraude, une inscription indiquant « La paix a été signée par Victor Carranza », et l'effigie de Don Victor. La montagne entière paraît avoir été sculptée en terrasses. Mais plus extraordinaire encore est le Chacaro, un marché hors du commun. Chaque matin, au pied du piton rocheux, se déroule un spectacle étonnant auquel seuls les initiés peuvent participer. Grâce à Jean-Claude, je peux pénétrer ce milieu particulièrement fermé. Au milieu de centaines de 4x4 et autres mobylettes, des mineurs et des petits patrons vendent et achètent des pierres brutes. D'énormes émeraudes passent de main en main, de doigts en doigts. On les observe à la lumière du jour qui se lève. Des liasses de pesos circulent.

Ci-dessus :
La mine de Coscuez.

Ci-dessus :
Hommage à Victor Carranza
sur une façade de Coscuez.

Les longues tables de bois sont jonchées de cailloux verts. Certes, les émeraudes de Coscuez sont un peu moins belles, car légèrement plus jaunes, que celles de Muzo qui affichent un vert bleuté, mais on se les arrache. On en retire certaines du lot pour les peser sur les balances. Au fil des heures, le brouhaha ne s'amenuise guère. Au contraire, aux cris des hauts-parleurs viennent se mêler ceux des Colombiens qui s'amusent. Ici, on pratique les jeux de hasard dans des baraquements recouverts de sortes de bâches. Là, on joue à la pétanque locale, ou on jette des fers à cheval sur des pétards. On joue, mais on a toujours un pistolet à la ceinture...

Ci-dessus :
Ces baraquements
poussent comme des
champignons autour de
la mine de Muzo.

Ci-dessus :
La laguna de Guatavita.

Passionné par le manège qui va durer jusqu'à midi, j'ai perdu Jean-Claude. Je le retrouve en pleine négociation. Il repousse l'offre d'une femme qui a essayé de lui vendre une pierre collée et semble faire affaire avec un petit bonhomme moustachu. Il me glisse discrètement à l'oreille : « Celui-ci, je le connais. Je m'adresse très souvent à lui. Si on ne veut pas se faire rouler, il vaut mieux traiter toujours avec les mêmes vendeurs. Sur ce marché, ce n'est pas comme à Bogotá, tu n'as pas le temps de bien regarder ce qu'on te vend. Si tu t'adresses au même marchand, il ne cherche pas à te rouler car il sait que tu vas revenir et récupérer ton argent si tu n'es pas satisfait ».

Jean-Claude enferme quelques cailloux au fond de sa poche et nous remontons dans notre 4x4. Direction, la mine de La Pita, l'avenir de la Colombie puisqu'on en extrait actuellement 65 % de la production nationale. Bien évidemment, ces gisements se situent eux aussi près du Rio Minero. Je l'aperçois en contrebas tandis que nous traversons les deux célèbres montagnes, Furna et Tena. Comme dans bien des pays, les pierres précieuses, avant de naître au cœur de la terre, jaillissent de la légende. En Colombie, on raconte l'histoire suivante : Furna était une très belle princesse mariée au prince Tena. Très amoureux l'un de l'autre, ils vécurent heureux jusqu'au jour maudit où Sarbe, l'incarnation du mal, parvint à séduire Furna. Son mari ne put jamais s'en remettre et mourut de chagrin. Ce que la princesse ne se pardonna pas.

Rongée par le remords, elle pleura jour et nuit. Les dieux, attendris par ce repentir, firent jaillir des entrailles de la Terre deux montagnes en mémoire de ce malheureux couple. Quant à Sarbe, il fut transformé en rivière, le fameux Rio Minero, qui devait séparer pour l'éternité Furna et Tena. Et les larmes de l'inconsolable épouse devinrent de magnifiques émeraudes.
Un dernier lacet sur cette route chaotique dont nous mangeons la poussière, et nous parvenons à bon port. Talkies-walkies en main, des gardes annoncent notre arrivée. D'autres nettoient leurs armes, astiquent leurs canons.

Ci-dessus :
Comme les autres mines,
La Pita est protégée par
des « vigilantes »
fortement armés.

Ci-contre :
Au milieu de la jungle,
la mine de La Pita
est équipée d'installations
qui peuvent surprendre...

Tandis que nous pénétrons dans ce domaine hallucinant d'où émergent quelques toits de tuiles rouges, Jean-Claude me livre quelques précisions d'importance : « Ce qui s'est passé ici est incroyable. Il y a cinq ans, un groupe de gens a commencé à creuser la montagne. Dans le même temps, un deuxième groupe, moins fortuné, s'attaquait à la même montagne mais par le côté opposé ». « Ils ont fini par se rejoindre ? ». « Pas exactement. En réalité, faute de moyens, la seconde équipe a dû interrompre les recherches. La première les a poursuivies et a trouvé des émeraudes ». « Je ne vois pas où est le problème... ». « C'est que les pierres se trouvaient sur la propriété de ceux qui avaient dû arrêter. La guerre fut sur le point de reprendre. Heureusement, Victor Carranza est intervenu. Un consortium fut mis en place entre les deux sociétés. Sur une zone de 80 mètres de chaque côté de la limite de propriété, on partage à égalité la production.

L'idée était géniale, car elle arrange tout le monde : un nouveau conflit a été évité et Don Victor a acquis des parts dans La Pita, alors qu'il n'en possédait pas avant. Le résultat, tu l'as devant toi ».
Piscines olympiques, bungalows au riche mobilier venu d'Indonésie, antennes satellite, le personnel de la mine, qui arbore de beaux uniformes aux couleurs de la société et qui vit ici, jouit visiblement d'un traitement hors du commun. Ce qui laisse imaginer la quantité et la qualité des gemmes que l'on extrait chaque jour... Et je dois avouer que je ne suis pas fâché d'être hébergé dans ce lieu paradisiaque planté au beau milieu de la jungle. Ce soir donc, nous dormirons ici. Nous ne profiterons pas de la boîte de nuit, toujours en construction, mais pourrons nous restaurer au réfectoire.

Ci-dessus :
Morceau d'émeraude
brute.

Armée officielle
ou guérilla, l'uniforme
est le même

Ci-dessus :
*Les mines de La Pita sont
ventilées par d'énormes
tuyaux en plastique.*

Je ne veux pas quitter La Pita sans être descendu dans la mine. Nous nous pressons sur le monte-charge. Au fond, toujours le même bruit assourdissant et les incessants clapotis de l'eau qui inonde les galeries. Nous avançons, courbés en deux. Un mineur nous explique fièrement : « Cette mine est très récente. Elle a un grand avenir car on ne l'exploite que depuis un an et demi. Ce n'est pas comme à Coscuez où les dépôts sont exploités depuis l'époque des indigènes ».

Au bout de plusieurs heures d'efforts qui viennent ponctuer des semaines d'un travail éreintant, des sourires fleurissent sur les visages maculés de poussière lorsque les émeraudes éclairent enfin de leur vert profond les roches noires de graphite. Je continuerais volontiers à bavarder avec ces mineurs ou avec les guaqueros qui, à l'extérieur, se massent encore et toujours en quête d'un miracle. Mais nos chauffeurs sont quelque peu excités. Nous échangeons un regard avec Jean-Claude. Un des administrateurs qui nous accompagne et va effectuer le voyage de retour avec nous dans un autre 4x4 lance d'un ton impérieux : « On rentre. Il faut arriver à Chiquinquira ce soir ». Je ne comprends pas très bien pourquoi cette soudaine urgence, mais il faut se résoudre à lever précipitamment le camp.

L'absence d'explication et le silence pesant qui perdure au fil des kilomètres me font entrevoir la raison d'une telle agitation : la guérilla doit se trouver dans les parages. Notre course est bientôt interrompue.

Le véhicule qui nous suit vient de crever. Il faut s'arrêter pour changer la roue. Cet incident anodin peut, dans cette partie du globe, se révéler extrêmement dangereux. Tout le monde le sait et la tension est à son comble. Nos amis ont tous une main sur leur arme. Soudain, des éclairs déchirent le ciel. Un violent orage s'abat sur nous. Une pluie battante achève ce que les gouttes de sueur avaient jusque là entrepris… Nous reprenons finalement la route. Au ralenti. Notre progression est de plus en plus pénible. Au détour d'un virage, elle est carrément stoppée. Là, devant nous, des uniformes nous arrêtent. L'angoisse monte. Dans notre 4x4, les hommes armés hésitent à dégainer. Difficile de savoir si l'on a affaire à l'armée officielle ou à la guérilla : leurs hommes sont habillés de façon identique. Les uniformes fouillent la voiture, nous demandent nos papiers. Lorsqu'ils apprennent qui je suis, l'autorisation de Victor Carranza nous précédant partout où nous passons, ils nous font signe de poursuivre notre route avec mille recommandations de prudence. J'ai rarement été aussi content de me trouver face à l'armée ! La guérilla s'active effectivement à proximité ; plusieurs colonnes de militaires patrouillent donc pour protéger la route qui conduit à Chiquinquira. Ce soir, l'orage les aura aidés dans leur entreprise et nous aura sûrement permis de regagner la ville sains et saufs…

Ci-dessus :
Le célèbre ostensoir « la Lechuga »
(la laitue), incrusté de 1 485
émeraudes.

Je n'ai rien vu du chemin qui nous a ramenés à Bogotá. La fatigue du voyage, ou peut-être les émotions d'hier. Peu importe. Dans quelques heures, mon avion va décoller. Je vais laisser derrière moi ce pays si attachant. Je range mes dernières affaires, boucle mes bagages. Soudain, on tambourine à la porte de ma chambre. C'est Jean-Claude : « Patrick, dépêche-toi, tu finiras ça plus tard. On va immédiatement au Musée de l'Or. Pastrana, le Président colombien, a donné son autorisation. Tu vas voir la Lechuga ».
J'abandonne tout. Je plante là mes valises. Et je le suis. Lorsque nous arrivons avenue Jimenez, tous les vendeurs sont à leur poste habituel. Pour l'heure, ils ne m'intéressent guère, mais je les remarque tout de même. Les commissionnaires sont là, au pied des buildings, au milieu des cireurs de chaussures. Dans leurs poches, les pierres brutes ou taillées qu'ils vont vendre pour le compte des patrons. À leurs ceintures, toujours de gros revolvers. Ce qui, d'ailleurs, fait de l'avenue Jimenez le quartier le plus sûr de la capitale colombienne… Un vendeur nous aborde pour nous proposer sa marchandise, enveloppée dans des feuilles de papier. Jean-Claude jette un œil, refuse l'offre et commente : « À cette heure-ci, toutes les bonnes marchandises tournent dans les bureaux des courtiers. Elles auront été nettoyées et éventuellement embellies en remplissant les inclusions et les fractures d'huile naturelle ».

Le Musée de l'Or, dit aussi musée de la Banque Centrale, nous ouvre ses portes. Prévenus de notre arrivée, les gardiens nous font patienter dans une pièce dont je ne retiendrai rien tant je suis ébloui par ce que l'on m'apporte. La caisse est plutôt grande. La Lechuga est soigneusement emballée et l'on retire une à une les fines feuilles de papier qui la soustraient encore à nos regards. Jean-Claude et moi sommes muets, immobiles. On n'entend que le froissement du papier. Et puis, l'émerveillement. L'ostensoir commandé par la Compagnie de Jésus, entre 1700 et 1707, à l'artiste Joseph Galaz - et actuellement en restauration - brille sous nos yeux. Ce soleil éblouissant est un travail d'orfèvre et un trésor inestimable. Un peu moins de 5 kg d'or pur le constituent. Et il est orné, outre le saphir, les 13 rubis, les 28 diamants, les 62 perles baroques et les 168 améthystes… de 1 485 émeraudes d'un vert pur et profond qui lui ont donné son nom : la Lechuga, la « laitue »…

Ci-dessus :
*L'émeraude « trapiche »
est formée de 6 cristaux
entourant un cristal central.*

L'émeraude

Elle fait partie du groupe des béryls.

*Couleur : vert bleuté éclatant, vert jaune, vert sombre. La couleur est
due à la présence de chrome et de vanadium.*

Dureté : 7,5 - 8

Densité : 2,67 – 2,78

Système cristallin : hexagonal

*Composition chimique : silicate d'aluminium et de béryllium
$Al_2B_3(Si_6 O_{18})$*

Réfringence : 1,576 – 1,582

*Son nom vient du grec « smaragdos » (pierre verte). Durant
l'Antiquité, il désignait la plupart des pierres vertes . C'est ainsi que
le monocle d'émeraude de Néron, qui lui servait à regarder les jeux
du cirque, était en réalité en aigue-marine.*

*L'émeraude renferme souvent des inclusions de toute nature :
cristaux, givres de guérison, liquide, bulles de gaz . Elles constituent
ce que l'on appelle « le jardin de l'émeraude ».*

*C'est une pierre qui craint les chocs, en raison de ses fréquentes
fissures dues aux tensions internes. Elle ne doit ainsi être chauffée
qu'avec précautions.*

*Il y a 38 millions d'années, des fluides salés ont solubilisé dans les
schistes noirs le béryllium, élément de constitution de l'émeraude,
ainsi que le chrome et le vanadium qui lui donnent sa couleur. Sous
la pression de ces fluides, la montagne s'est fissurée. Des failles se
sont ouvertes. La calcite et la dolomite blanches en grande quantité
dans les fluides s'y déposèrent. Puis le béryllium, le chrome et le
vanadium cristallisèrent à leur tour pour créer l'émeraude.*

*Attention, certaines pierres peuvent être prises pour de l'émeraude :
Grenat démantoide, Tourmaline verte, Béryl vert, Diopside,
Dioptase, Péridot, Uvarovite, Grossulaire.*

*On doit aussi éviter les confusions avec : les doublets, le verre,
l'émeraude synthétique. Une pratique ancestrale consiste à baigner
les émeraudes dans de l'huile afin d'atténuer leurs imperfections.
On utilise aujourd'hui des résines synthétiques pour améliorer la
pierre : ce traitement doit être signalé lors de la vente, certaines
substances se transformant avec le temps.*

BIBLIOGRAPHIE

L'Émeraude,
D. Giard, G.Giuliani, A.Cheilletz, E. Fritsch,
E. Gonthier, AFG

Le Diamant, réalité et passion,
Eddy Vleeschdrager, éditions du Perron

Le Diamant, mythe, magie et réalité,
éditions Flammarion

Gemmes et joyaux,
Benjamin Zucker, éditions de la Bibliothèque
des Arts

Musée de l'or,
Luis Duque Gomez, éditions Delroisse

Diamants et pierres précieuses,
Patrick Voillot, éditions Gallimard

Palais de maharajahs,
Alain Sillard, éditions Les Créations du Pélican

Les Royaumes de l'Himalaya,
Michel Peissel, éditions Pierre Bordas et fils

Bijoux de maharajahs,
Katherine Prior et John Adamson, éditions Assouline

Guinée,
Nouvelle édition de l'université

Zanskar,
Michel Peissel, éditions Robert Laffont

Le Grand guide de la Birmanie,
éditions Gallimard

Le Grand guide de l'Inde du nord-ouest,
éditions Gallimard.

Pierres de rêve,
Anne de Tugny, éditions Flammarion

Ruby & Sapphire,
Richard W.Hughes

La Vallée des rubis,
Joseph Kessel

Les Pierres précieuses,
Tardy et Dina Level

CRÉDIT PHOTOGRAPHIQUE

Cartographie : 3 axes et Pixandco (Pau)
Gilles Crampes (Cachemire, Colombie)
Christophe Lepetit (Birmanie)
Eric Mercier (Guinée)
Patrick Voillot

Les photographes qui ont suivi Patrick Voillot dans ses différentes
expéditions ont choisi le film Provia de Fujifilm. Celui-ci permet en
effet une grande latitude d'exposition, qualité indispensable pour les
prises de vue en conditions extrêmes, notamment dans les mines où
l'écart des intensités de lumière est très important. La finesse de grain
est un autre atout qui permet malgré les différences de contraste entre les
scènes d'obtenir des photos homogènes et plus proches de la réalité.

Pour plus de renseignements
sur le catalogue des éditions Privat,
contacter Information Service
08 25 15 00 22 (0,15 €/mn)
ou
Éditions Privat
BP 1121
31036 Toulouse cedex 1

Achevé d'imprimer en octobre 2002
sur les presses de la SIA, à Lavaur (81)

Photogravure :
Midi-Pyrénées Photogravure, à Toulouse (31)

Mise en page :
Graphi Bis, à Toulouse (31)

Dépot légal : octobre 2002
Imprimé en France